50歳からはじめる

ハイキングの教科書

初心者にも、
本格的に
はじめたい人にも
オススメだよ!

安全にハイキングを楽しむための基礎知識がギッシリ!

加藤 庸二 監修

土屋書店

まえがき

ひと昔まえの昭和40年代ごろ、
「山」「登山」といえば若い人たちのスポーツの一つでした。
とりわけ学生を中心とする体育会として、
身体を鍛えるクラブ活動の一つに位置づけられていました。

時代は替わり、今日ではそのころの若い人たちの山人気から少しちがってきて、
中・高年齢層の人々に「野山歩きの楽しさ」が認識されるように変化してきました。
「山は特殊なスポーツ」とはもう今日ではだれもそう思わなくなりました。
山を気軽に遊ぶ――という大人の趣味の一つとして、ここ数年で定着してきたのです。

野山のハイキングを楽しむ人口が増えてくると、
それに従って山の遭難事故も確実に増えてしまいました。
野山を楽しみに行って、事故や遭難を起こしてしまってはなんにもなりません。

そんなことにならないよう、
この本では山に対する基本的な知識をわかりやすく解説しています。
くれぐれも事故や遭難には気をつけて、
野山のハイキングを心ゆくまで楽しんでください。

監修者　加藤庸二

CONTENTS

50歳からはじめる ハイキングの教科書

PART2 ハイキングの道具をそろえよう

PART 1

ハイキングを楽しむ〔計画と準備編〕

初めて出かけるハイキング

●郊外をピクニック
●里山で野草採り
●野山を散策
●低山を登る

アウトドアの楽しみ方の一つにハイキングがある

近年、「アウトドア」という言葉をよく耳にします。この言葉の本来の意味は「野外で自然にふれながら楽しい時間を過ごす」ということです。

- 気の合った仲良しグループが誘い合って、家の近辺でウォーキング（散歩）をする。
- 郊外で、田園風景を満喫《まんきつ》しながらピクニックを楽しむ。
- 里山へ入って野草採りやキノコ狩りをする。
- 野山の林や森の中をのんびり散策《さんさく》する。
- 低山の頂上をめざして登る。

これらはすべてアウトドアと呼ぶ行動です。「こうでなければいけな

●服装や靴のことなど考えると…。

●体力にちょっと自信がない…。

でも、“楽しんでみようかな” ぐらいの楽な気持ちで大自然を満喫しよう。

い」という決まりがあるわけではありません。また、自然の楽しみ方、動機、目的、性別、年齢、体力などは人によってさまざまです。

その中の目的の一つに「野山のハイキング」があります。――でも、出かけるのは何かおっくうだな…、やってみたいのになんとなく気持ちだけで終わってしまう人も数多くいます。足を一歩踏み出せない理由はさまざまです。

●体力に自信がなく、ばく然とした不安感がある。

●服装や靴のことなどを考えているうちにおっくうになる。

以上2つの代表的な理由はよく理解できます。未知のことに対してはばく然とした不安を感じるぐらいなほうが正常な感覚でしょう。でもそんな不安もちょっと忘れて、楽な気持ちで〝楽しんでみようかな〟というぐらいの心持ちでスタートを切ってみてはいかがでしょう。大自然の素晴らしさを思う存分満喫《まんきつ》しましょう。

仲間を作って楽しく遊ぶ

●植物・昆虫採取、野鳥観察、写真撮影、温泉・滝めぐりなど、目的と楽しみ方はいろいろ広がる。

ハイキング仲間はいろいろな楽しみ方を創りだす

野山をハイキングしてみると、日々送っている日常生活では経験できない爽快感を味わうことができます。

目を奪われるような自然の美しさに出会うこともたびたびあります。しかし同時に、日常生活では遭遇し得なかった危険が、美しさと隣り合わせに潜んでいることを知らされることも事実です。

〝安全〟という裏付けのない〝楽しさ〟はあり得ません。自然とのふれ合い方には、多くの経験をもとに蓄積されてきた原則や鉄則があります。それらを理解することによってばく然とした不安が解消され、だれでも「自分流」のやり方、楽しみ方

●出発前も
帰ってきた後も、
ハイキング談義は楽しい。

を創り出すことができるようになるのです。

植物に興味のある人、あるいは野鳥、そして昆虫、それ以外にも山で写真を撮るのが趣味の人、ハイキングで行ける温泉や滝をめぐる人…、ひと言で「野山のハイキング」といっても、その目的と楽しみ方はたくさんあります。

50歳という人生のベテランと呼べる年代の人たちには、蘊蓄《うんちく》を語るさまざまなテーマがあることでしょう。

単独で野山歩きを…、という人もいると思いますが、より楽しい野山のハイキングを楽しむためにぜひ仲間を作って歩いてみることです。楽しいばかりでなく、ハイキング中に何かアクシデントがあったときでも仲間がいれば心強いものです。

また、野山でハイキングをしないときでも、今までに行ったコースの楽しかった思い出やこれからどこへ行こうかなど、都会で「山談議」というお付き合いもまた楽しいことです。

●行動計画を立てる

計画には8つの基本原則がある

ハイキングの計画を立てるときには、8つの基本原則があります。計画は頭の中だけで考えるより、メモ程度でもよいので紙に書き出してみます。そうすることによって、具体的なイメージが浮かび頭の中が整理されます。

【計画の基本8原則】

1 どこへ……　目的地
2 何をしに…　目的
3 いつ………　日時
4 だれと……　同行のメンバー、経験
5 ハンデキャップは……………メンバーの持病、病歴
6 日程は……　日帰り、宿泊
7 どうやって…　交通手段
8 予算は……　予定額

これが計画の骨組みです。以上8つのほかに必要だと思われる事項があれば、必要に応じて増やします。

計画の柱になるのは、1と2です。つまり、「どこへ、何をしに行く」のかが決まっていなければ計画は無意味になってしまいます。先にふれましたが、ハイキングの楽しみ方はさまざまです。場所と目的によっては、計画の変更を余技《よぎ》なくされることもあります。

1〜6の順に、具体的な例を見てみましょう。

1 富士山《ふじさん》（標高3776m）
2 頂上をめざす
3 8月中旬
4 男性3名、女性2名で50歳代の仲間、1名が登山の経験あり
5 同行の1名が高血圧症で、他の1名がぜん息の病歴

6 山小屋に1泊

夏の富士山《ふじさん》は登山の〝メッカ〟で、毎年およそ30万人が頂上をめざしてやってくるとみられています。登山者の多くは中高年者で占められています。前頁に示した50歳代のグループは、その典型例といえます。

●朝早く発ち、午後早くには下山!

●標高が100m増すごとに気温が0.6℃低くなり、時には風速も加わって体感温度はさらに低下する。体温の調整に十分気をつけよう。

計画にじっくり目を通してみると、いくつかの不安な点があります。

● 富士山《ふじさん》は標高3776mで、平地が〝盛夏〟であっても頂上は〝晩秋〟である。
● 登山の経験者が1名だけ。天候、気温の変化に対応した行動判断ができるか。
● 同行者に高血圧症の人がいて、急激な気温の変化（低下）が心配である。
● 同行者にぜん息の病歴を持つ人がいる。季節の変わり目や疲労によって発作が再発する可能性がある。

このように計画を書き出してそれを客観的に見ると、さまざまな問題点が浮かびあがってきます。

山の高さと気温の関係を知っておくことが大事

標高が1000m以上の山にハイキングに行くときには、メンバーの中に少なくとも2人以上の経験者が必要です。目的の場所と歩く距離は、経験の深さによって増やすのが原則ということを理解しておきましょう。目的地の高度によって気温と風速は違います。

高度〔標高〕が100m増すごとに、気温が0.6℃ずつ低くなる

行動計画をたてるときにはこれを計算に入れておくことです。たとえば平地で25℃のときでも、標高1000mでは19℃に下がるということです。

これは当日の天気、時間、季節などの条件を外して単純化した気温の理論値です。現地の標高が地形図などからわかったら、簡単な計算式でおおよその気温を自分で求めることができます。

所要時間の基準を確認する

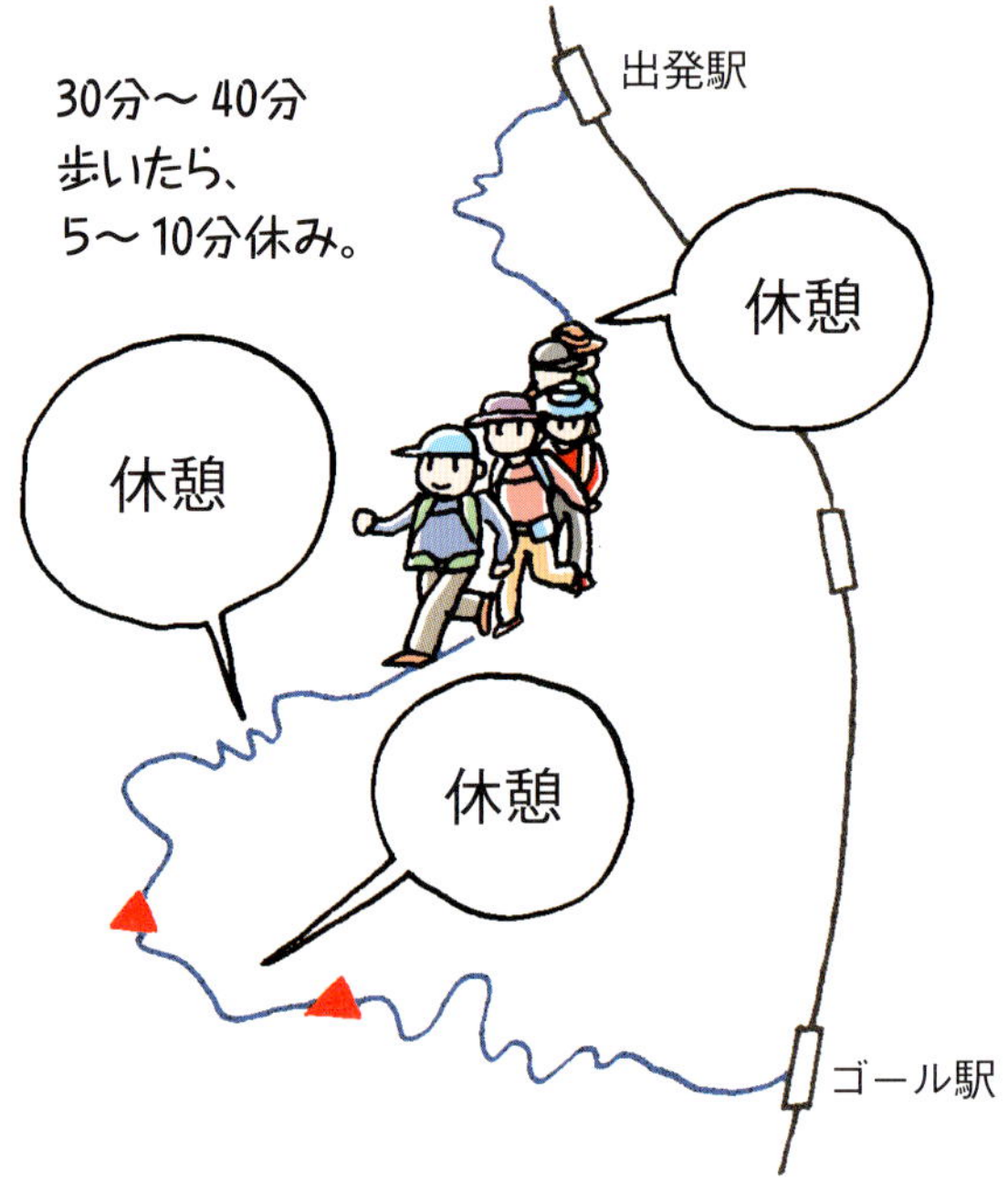
出発駅
30分〜40分
歩いたら、
5〜10分休み。
休憩
休憩
休憩
ゴール駅

歩きと休憩のポイントは、同行者全体のリズム

ガイドブックを見ると、コースの地図とそのコースタイム（所要時間）が必ず示されています。

基本的には、普通の大人の歩きを想定し、休憩時間の取り方は計算に入っていないのがふつうです。ですからガイドブックの時間は、その本が「どの年齢層」を対象にしているかによっても微妙に差が出てきます。

次にやることは、実際に示されたコースタイムにあなたの予測休憩時間をプラスすることです。

30分程度歩いたら5〜10分ぐらいの休憩時間をとる

これはあくまでも平均的な数字です。もし同行者の中に高齢者や子供がいた場合、あるいはコースの登り傾斜が激しいときは、「20分歩いて10分の休憩」でもかまいません。

歩きと休憩のポイントは行動全体の〝リズム〟です。休憩を頻繁《ひんぱん》にとれば疲労が必ず回復するというものではありません。

同行者に何の不具合もないとき、頻繁《ひんぱん》に歩きを止めてしまうと体温が低下します。休憩中は気分がいいのですが、体温を低下させると次の歩きに影響し、リズムが乱れて次第に精神的な疲労感に結びつきやすくなります。

また「休憩なんか不要だ！」という極端な根性論を振りかざすのも危険です。こういう人には、最初にきちんと全体の協調が大前提ということを話しておきましょう。普段から根性論を強調する人、見栄っ張りな人、自分中心でないと我慢できない人は、ハイキング中に少し苦しくなると本性が現れるものです。

●食事の提供のある宿に宿泊
（食事が提供されるので休憩が十分とれる）
●無人の山小屋に宿泊
（自分たちで食事を作る）
どんな料理がでるのか楽しみ…。
今日は何を作って食べようかな…。

ハイキングの行動計画に変化をつける

野山のハイキングの最初は基本的に「日帰り」ということで計画を立てますが、だんだんなれてくると、連休を使ったりしてもう少し長いハイキングをしたいというメンバーの声も聞くようになると思います。そして、たまには1泊や2連泊と計画がふくらんでいくこともあるでしょう。

たとえば1泊2日で計画を立てる場合の基本となるのは、2つのハイキングコースを連結して、ちょうどその中間地点で1泊するという考え方です。そのときまず考えることは、無人の山小屋に泊まり自分たちで食事を作ってハイキングをするのか、あるいは山荘のように食事を提供している山小屋に泊まり野山を歩き回るのかを選ぶことです。

計画日程と目的地によって、毎回同じではなく変化をつけて泊まってみるとよいでしょう。

50歳代からは無理は禁物

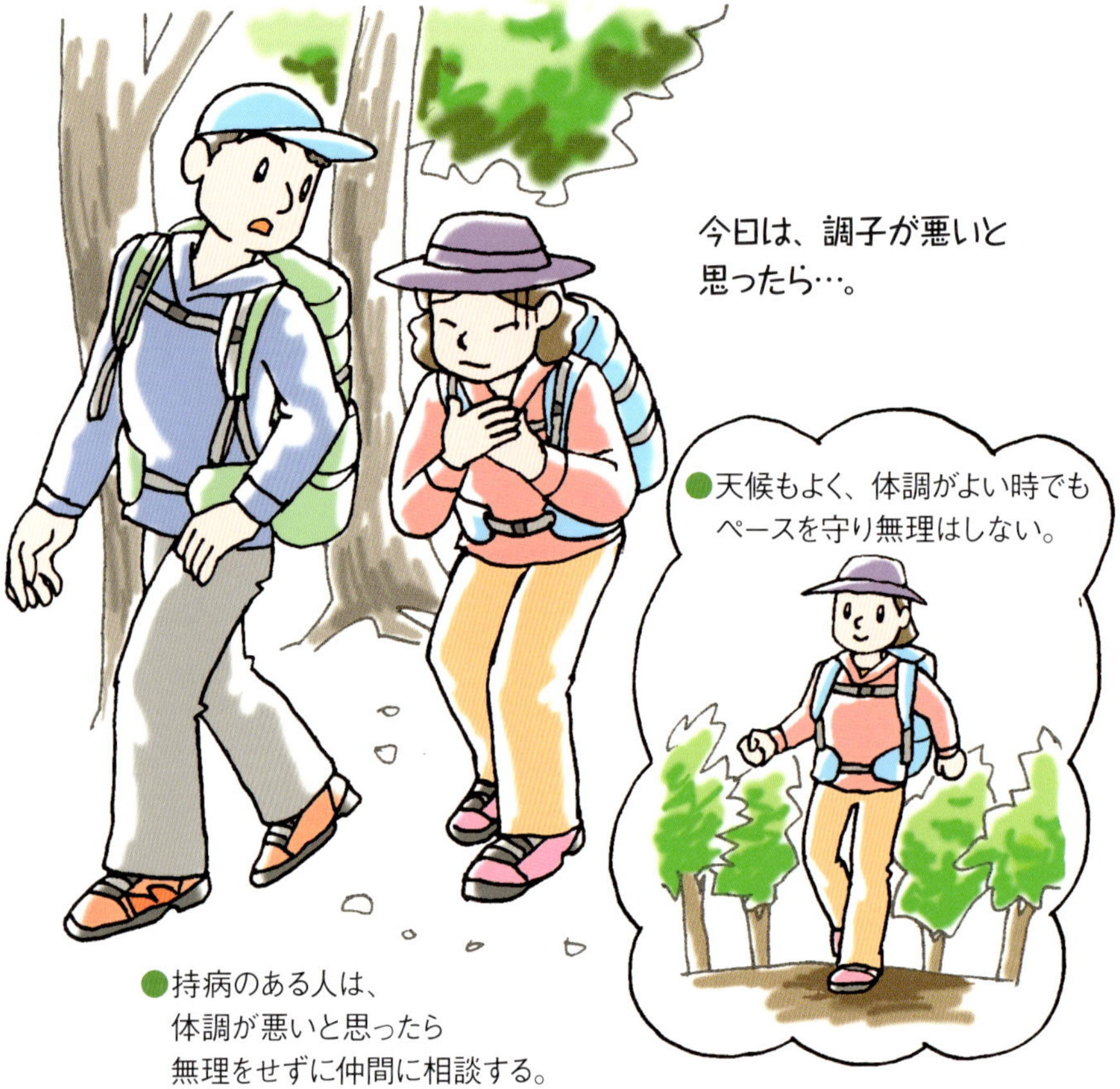
今日は、調子が悪いと
思ったら…。
●天候もよく、体調がよい時でも
ペースを守り無理はしない。
●持病のある人は、
体調が悪いと思ったら
無理をせずに仲間に相談する。

身体をいたわり、楽しいハイキング

完璧な健康体という人はそういるものではありません。「野山に行ってはみたいけど身体のことが心配で…」といった言葉をよく耳にします。また、日ごろから体力に自信のある人でも、睡眠不足は大敵です。睡眠不足になると翌日食欲不振や体力低下をまねきます。

とくに、持病や病歴がある人は野山に出かけることが不安になるのも当然といえます。まず、医師に相談してみることです。出かけることが可能であれば、体力や病状に無理のない「場所」、「時（季節）」、「行動内容」を優先した計画を立てます。次のような病気を持つ人は事前に医師に相談してみましょう。

●ハイキングに行く前は、十分に睡眠をとって、体調を整える。

●持病のある人は、医師のアドバイスで無理のない計画を…。

1 高血圧症《こうけつあつしょう》

中高年の人に多い症状と病気です。

高血圧の人は次の点に要注意です。

- 寒さにさらされない
- 急激な気温変化（低下）を避ける。
- 肉体の疲労、興奮を避ける。

高度や風による急激な気温の低下、環境の変化によるストレスには要注意です。最悪の場合は脳卒中や脳出血を起こすことがあります。平地で夏の気温の状態から、２０００mを超えるような山間地に移動するのは避けるのが無難です。

2 狭心症《きょうしんしょう》、心筋梗塞《しんきんこうそく》

50歳代からは特に心臓病に注意が必要です。動脈硬化による心筋梗塞、狭心症の病歴あるいは持病がある人は、登山やトレッキングは控えたほうがよいでしょう。

ときどき胸が痛む、絞めつけられるような感じがする人は要注意です。山で医療活動を行う医師からは、中高年の登山者の中には冠動脈疾患《かんどうみゃくしっかん》で運び込まれる人が目立つという証言があります。

3 ぜん息《そく》

アレルギー症では「気管支ぜん息」が要注意です。今まで元気だった人が突然発作《ほっさ》を起こして呼吸困難に陥《おちい》ります。

ぜん息の主な原因（アレルゲン）は塵《ちり》やダニです。山小屋や寝袋（シュラフ）を使うときや「気候・天候の変化」が誘因として挙げられます。季節の変わり日の春と秋に発作が起きやすいといわれます。

当日の下痢《げり》は、症状によっては参加を中止しなければなりません。体調管理をしっかりと見きわめるのはあなたの心一つにかかっています。あるときは辞退の決心も必要になります。それから、トレッキングの爽快な気分をよくするも台無しにするも、「じゅうぶんな睡眠」にかかっています。ぜひ前日はしっかりと眠り、体調を万全にしておくことです。

地形図を活用しよう

●市販の山歩き地図では、水場などがのっている。

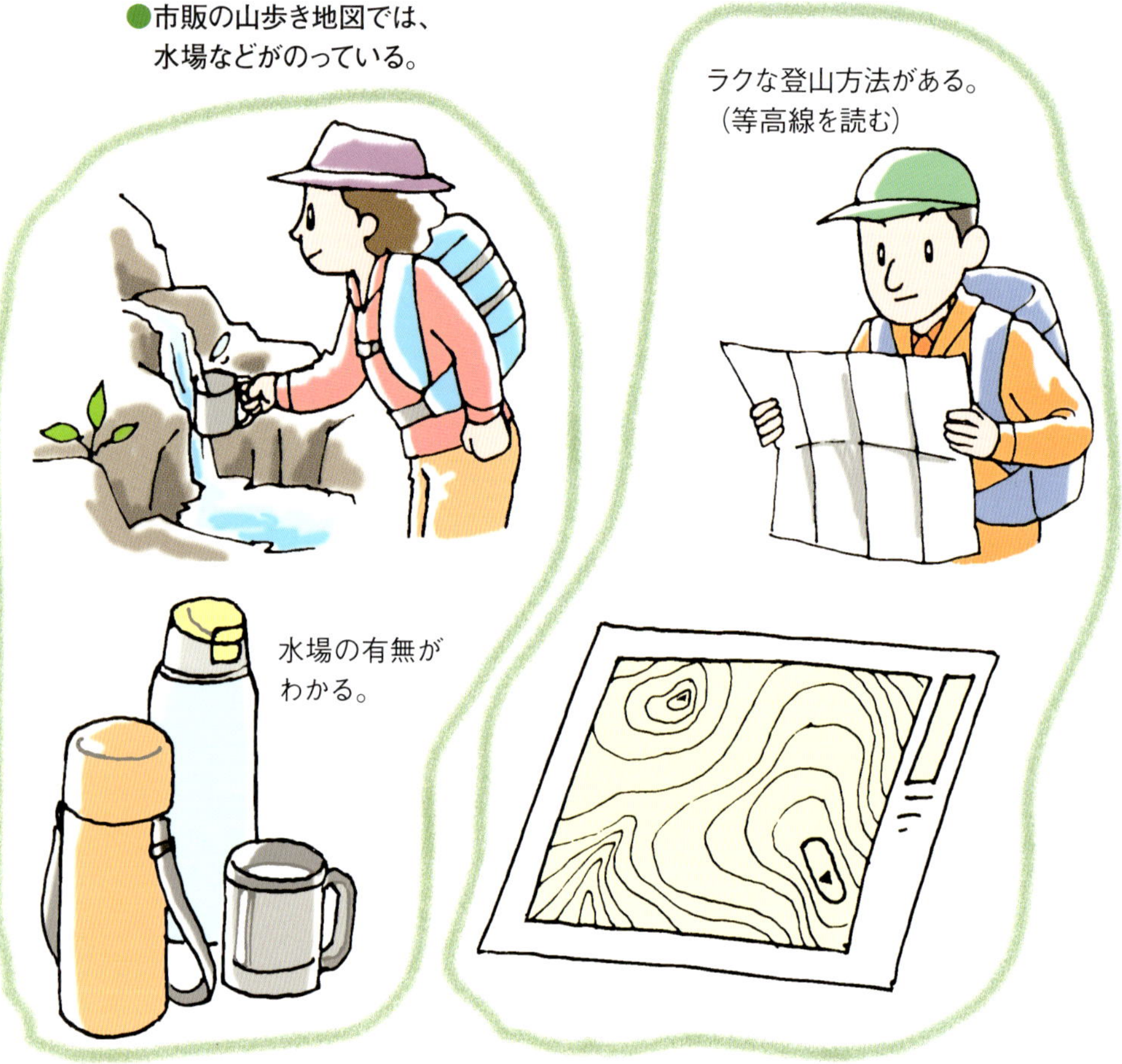
ラクな登山方法がある。
(等高線を読む)
水場の有無がわかる。

地形図という地図の一種

ハイキングでよく使うのが国土《こくど》地《ち》理《り》院《いん》の発行する地形図です。ふつうの地図とはやや違い、標高、植生、道路などを正確に表したものが地形図で、主に次の2種類を使います。

(1)「2万5千分の1」図

(2)「5万分の1」図

「2万5千分の1」図は、東西で約11㎞、南北で約9㎞の範囲をカバーしています。日帰りハイキングなど比較的短い距離の範囲を歩くときに適しています。特に、地形の複雑な高低、斜面、植生(生えている木々など)の情報を得るにはこの地形図を用います。

「5万分の1」図は、東西で約22㎞、南北で約18㎞の範囲をカバーし

実際の山
距離が長くて傾斜が緩いルート。
短距離だが傾斜が急なルートがある。

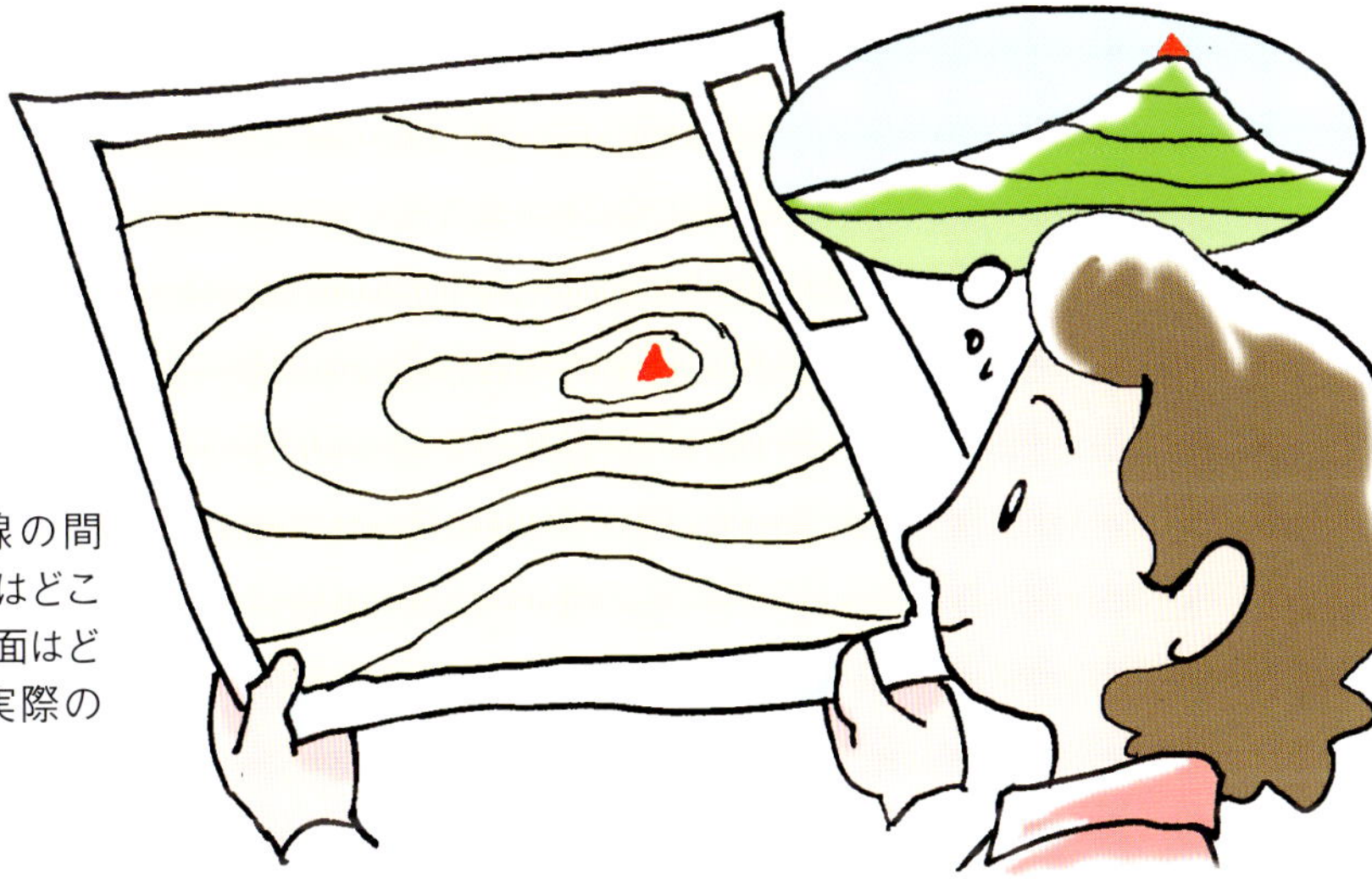

地形図から、実際の地形を想像してみる
頂上はどこか、等高線の間隔が開いている緩斜面はどこか、等高線が密な急斜面はどこかなど、平面図から実際の地形をイメージしてみる。

ていますので、長距離を行動するときに適しています。

等高線を読む

地形図の最大の特徴は図面全体に引かれた曲線です。くねくね曲がった線は等高線（コンター・ライン）といいます。等高線は同じ標高地点を線でつないだものです。

線と線の間が密（狭い）→急な斜面。

線と線の間が広い→なだらかな斜面。

地形図を見てすぐ立体的な地形が浮かぶようになるまでは多少時間がかかりますが、おおよその地形はすぐに分かるようになります。

山の尾根は標高の低い方へ等高線が張り出している

谷は標高の高い方向へ向かって等高線が食い込んでいる。

等高線の曲がり方が複雑なほど、地形は複雑といえます。

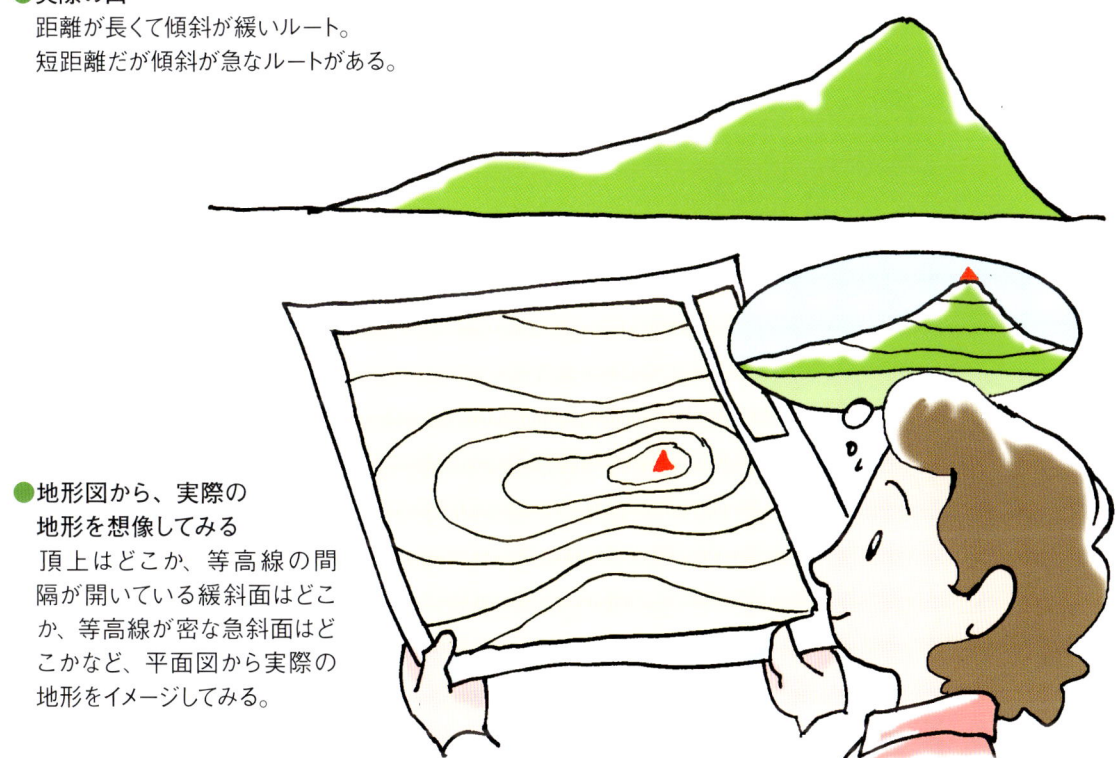

やはりコンパスは持っていたほうがいい

●「シルバ・コンパス」の各部名称

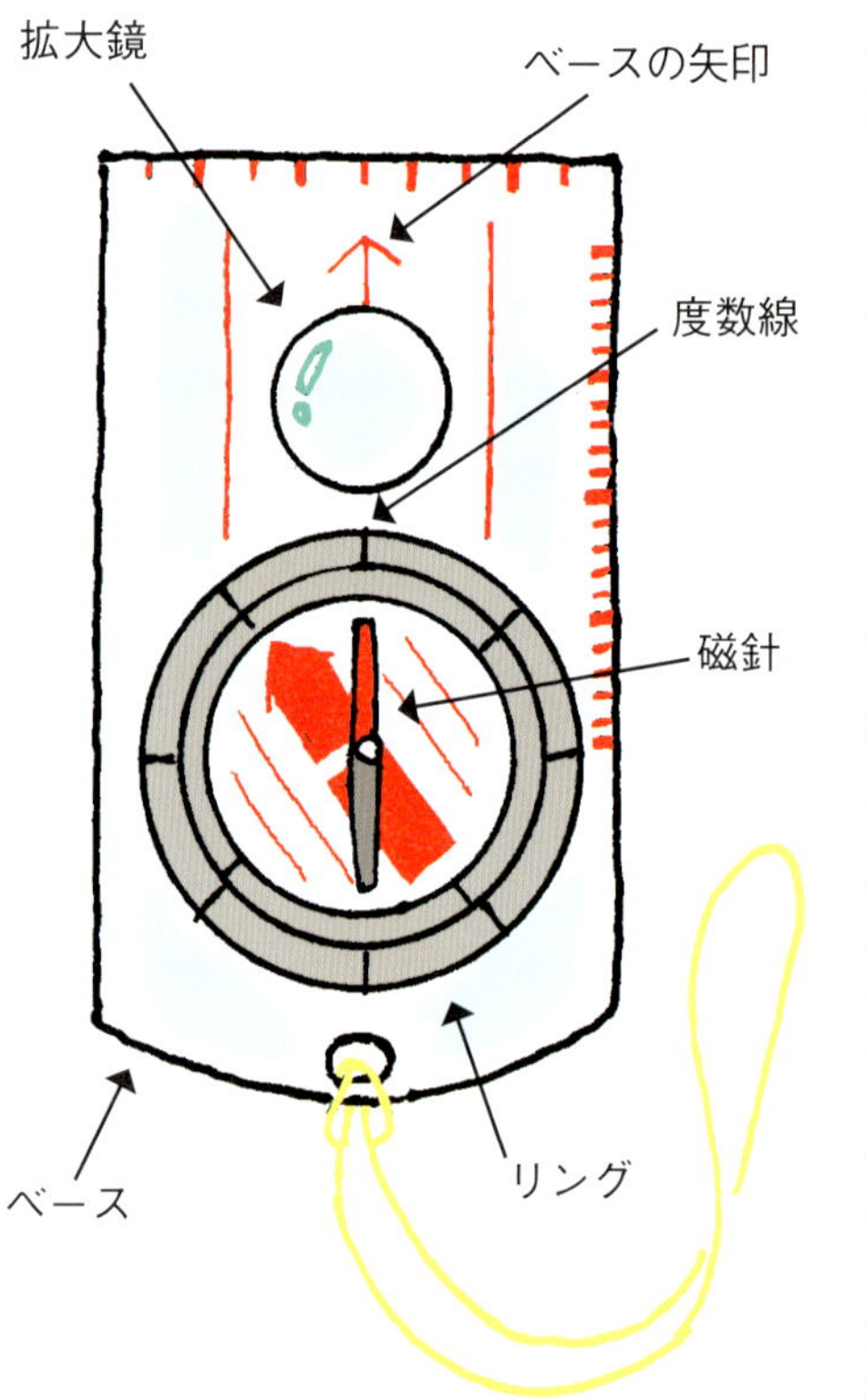

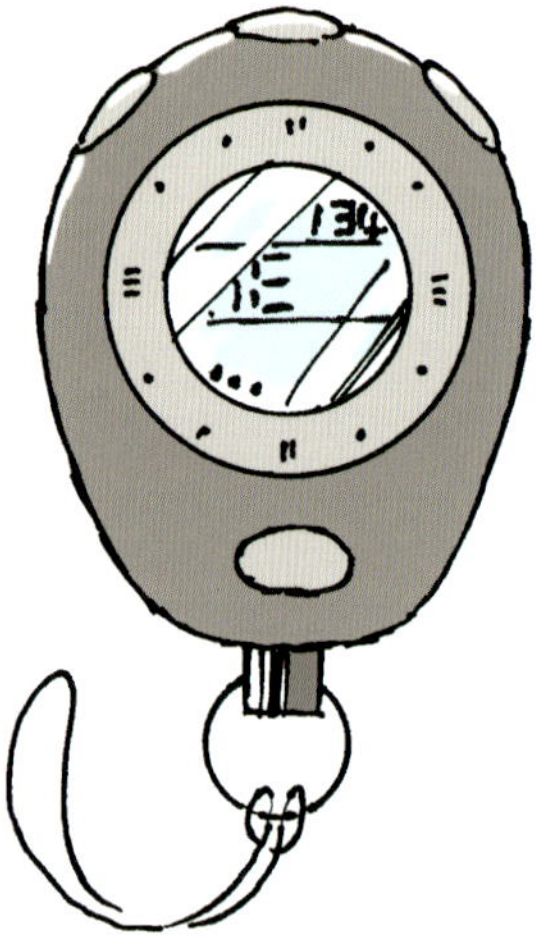

●電子コンパス
コンパス機能だけでなく、カレンダー、時計、アラーム、温度、ストップウォッチ等の機能がある。

なぜ山でコンパスが必要なのか

ハイキングでいうコンパスとは東西南北などの方位を知る「方位磁石《ほういじしゃく》」のことです。いざ野山で迷ってしまったとき頼りになるのが地形図とコンパスです。この二つがあれば、自分の現在地が割り出せるからです。（24ページ参照）

コンパスの種類にはシンプルで安価なものから、目的地や出発点の情報を保存してナビゲーションをする電子コンパスまでありますが、基本的なコンパスの用途は「現在位置の確認」や「目的の方向確認」などです。

登山やアウトドアのベテランは、山頂や開けた場所から見える山、地形などの確認、確定をするときに地形図とともに利用します（山座同定《さんざどうてい》）。

●使用する地形図が「西偏差8度0分」という場合で説明します。

作業手順

① 地形図を広げ南北の線を探す。
② 分度器を使い南北の線に対して8度の斜線を引く。
③ 地形図に最初に引いた斜線と平行な斜線を引く。

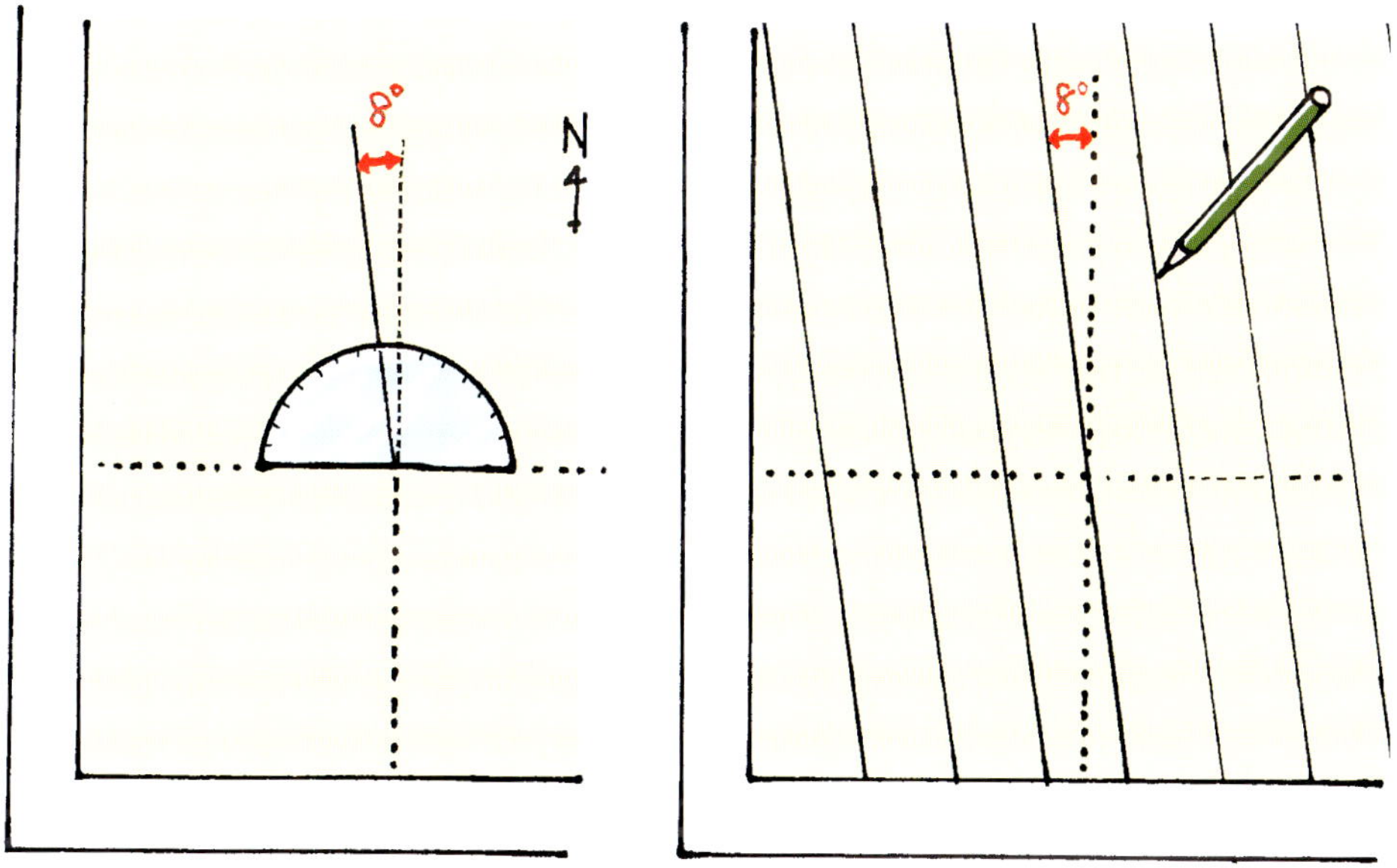

「磁針偏差《じしんへんさ》」って いったい何？

般的にはほとんど知られていませんが、地図に示されている「北」とコンパスが指す「北」との間にはズレが存在しています。地図の北を「真北」そしてコンパスが指す北を「磁北」と呼びます。このズレが「磁針偏差」なのです。

ですから、地図上の北とコンパスの指す北を単純に合わせても、正確な位置の確認はできません。

磁針偏差は、その場所の緯度によって「西」の方へ5～10度ズレていて、誤差は緯度が高くなるほど大きくなります。偏差の角度は国土地理院の地形図の場合、右欄外に「西偏差8度0分」のような形で示されています。

地形図とコンパスを併用するときは、事前に偏差の修正作業をしておくことが必要です。角度を測る分度器、直線を引く定規、鉛筆を用意します。

使いこなしてこそコンパス〔実践〕

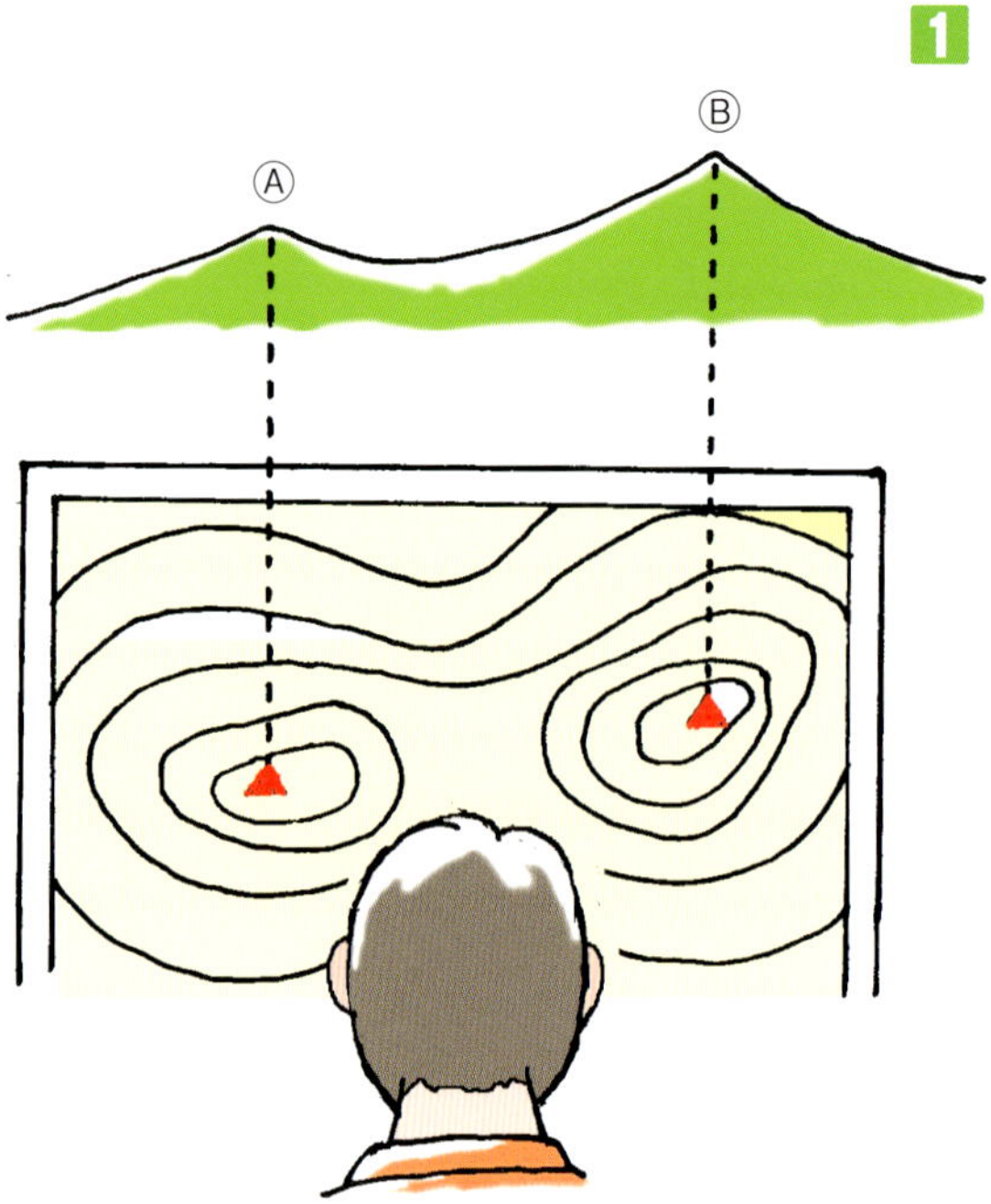

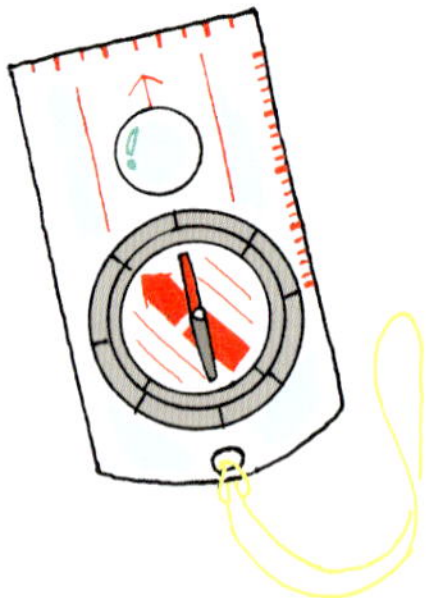

現在地を確認する

コンパスと地形図を使って現在地を確認する方法を紹介します。コンパスそのものの使い方はメーカーや型によって多少の違いがあり、各製品の取扱説明書に使用実例が示されていますから使う前に必ず目を通してください。また、前頁に示した磁針偏差《じしんへんさ》の修正線を書き入れた地形図が必要です。

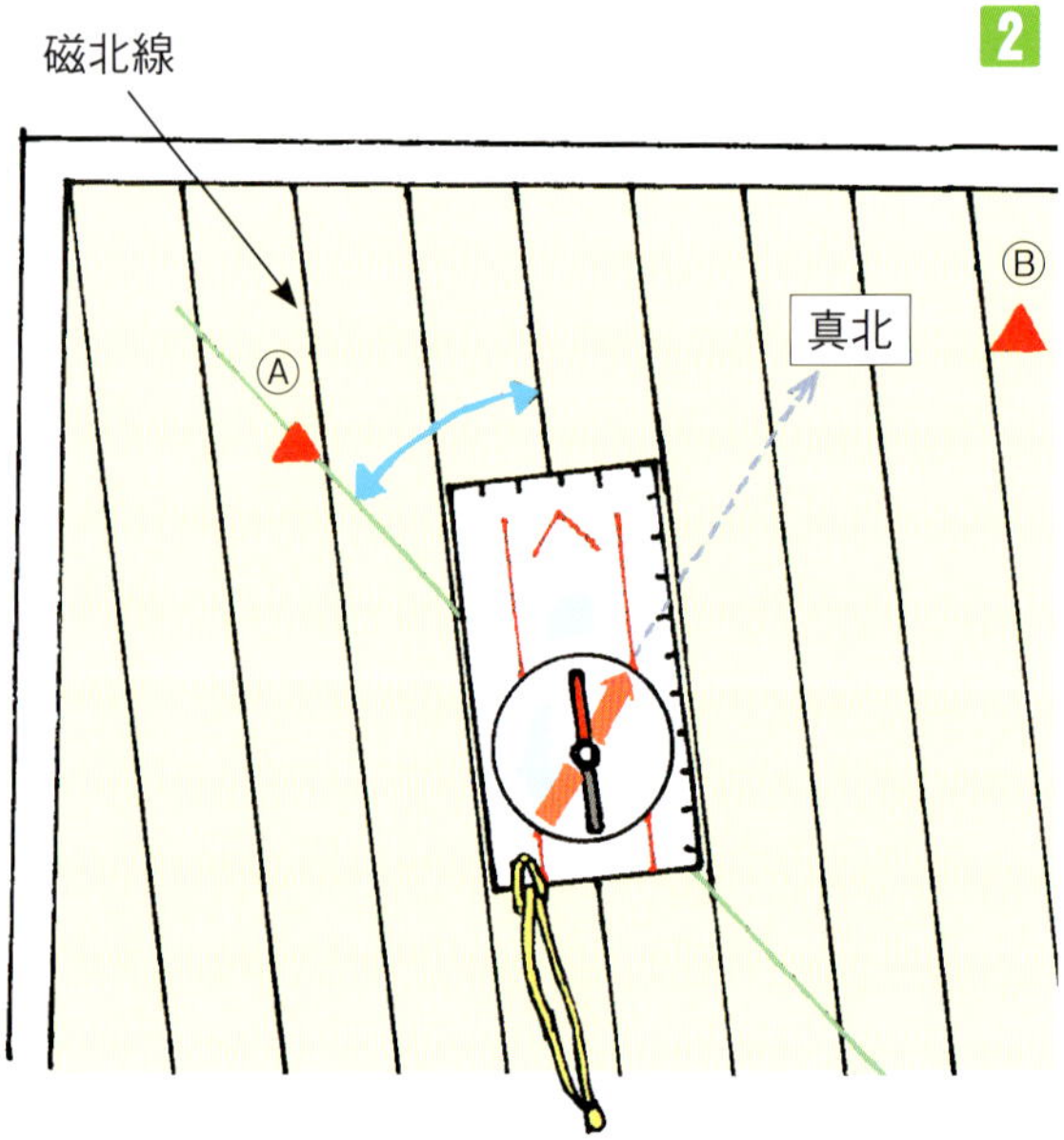

〈現在地の確認手順〉

1 できるだけ見晴らしのよい場所に立って、視界に見える山頂など大きくはっきりとした目標物を2点以上定める。次にそれらが手元の地図上のどれにあたるかを確認（同定）する。

たとえば、2つの山頂Ⓐ、Ⓑが見えたら、地図に載せられているⒶ、Ⓑの山を見定める。

2 コンパスを地図上に置く。このとき、あらかじめ地図に引いている磁北線とコンパスの磁針を同じ向きに正確に合わせるように置く。

3 目標物（山頂Ⓐ）と磁北線との間にできた角度のズレの角度に従って、図のようにⒶを起点とした直線を引く。

〈注〉ズレの角度の数値そのものを求めるのが目的ではなく、角度は上述の直線を引くための参考数値である。

4 目標物Ⓑについても**1**～**3**の手順をくり返す。

5 目標物Ⓐ、Ⓑを起点とした直線は地形図上で交差する。交差した点が現在地点を示している。

3

Ⓐを起点として線を引く。

4

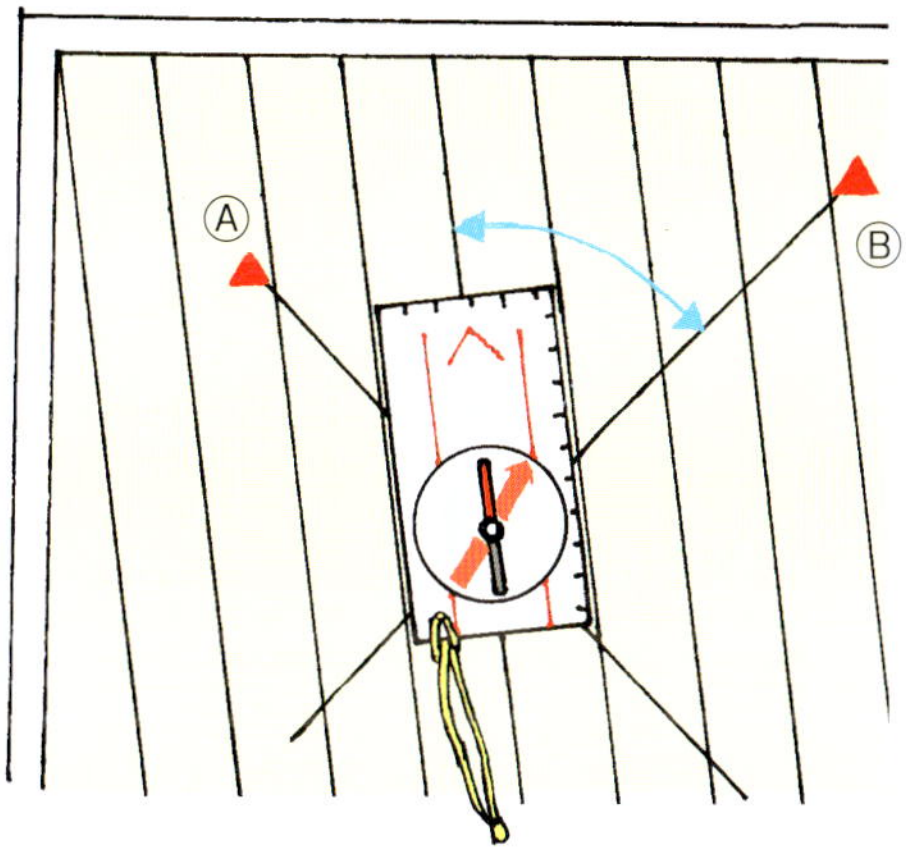

Ⓑも同じように線を引く。

5

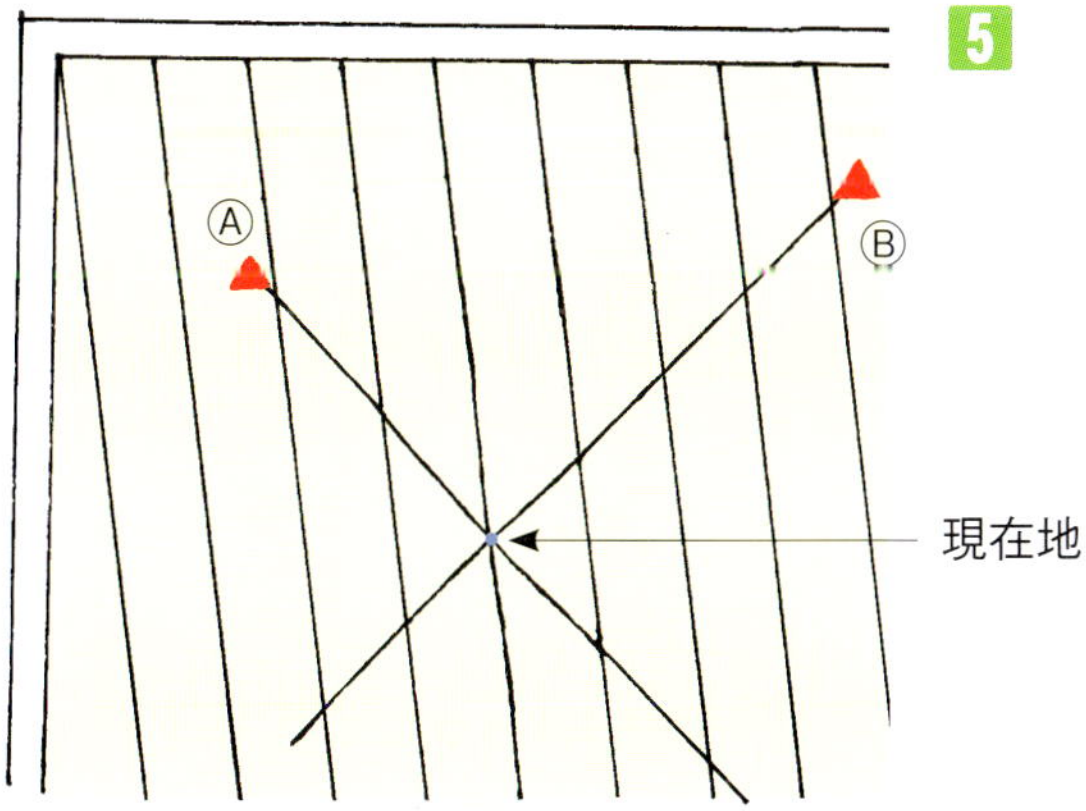

ハイキングの天気の知識

天気図

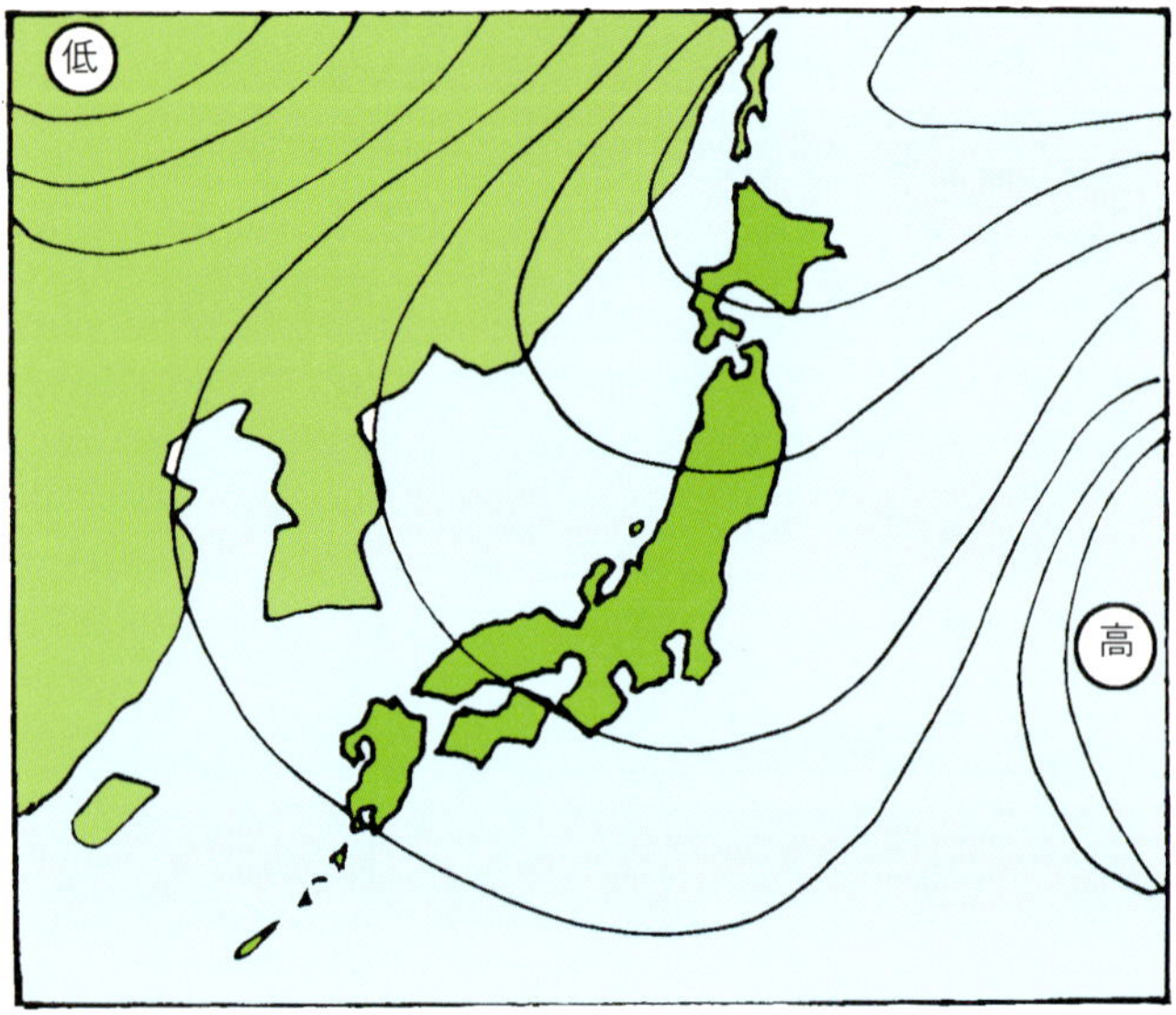

日本の上空には偏西風と呼ばれる強い西風（ジェット気流）が吹いており、日本全体の天気でとらえると、おおむね西から東へと移動変化する。

●低気圧

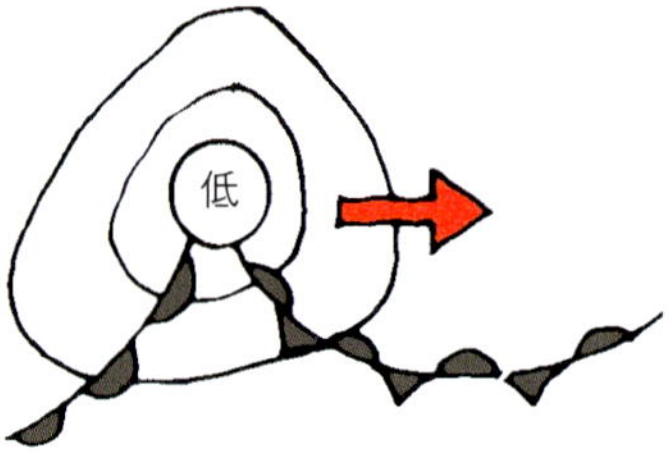

一般に雨、雪、風を運んでくるといわれる。

●高気圧

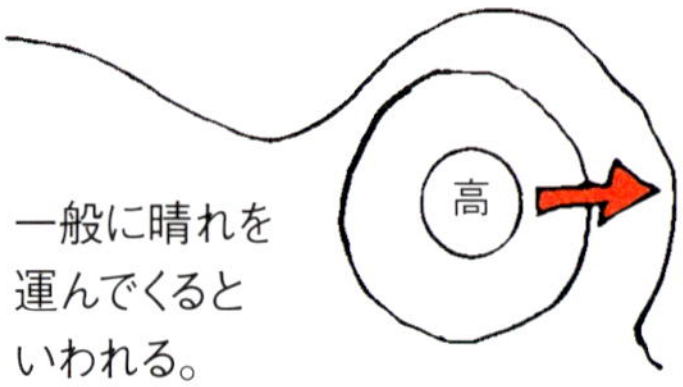

一般に晴れを運んでくるといわれる。

高気圧と低気圧

天気の良し悪しと直接関係しているのが大気圧です。天気予報では、頻繁《ひんぱん》に「高気圧」や「低気圧」という言葉が使われます。天気図を見ると高気圧を「高」、低気圧を「低」で表しています。

低気圧とは、大気圧が周囲よりも低いところで、そこよりも相対的に大気圧が高いところを高気圧といいます。つまり、一定の基準があってそれより上下を示しているものではありません。

一般に、高気圧は晴れ、低気圧は雨、雪、風を運んでくるといいます。低気圧の中心に吹き込んだ風が上昇気流となって、上空で雲を発生させるのです。

季節後ごとの特徴的な気圧配置

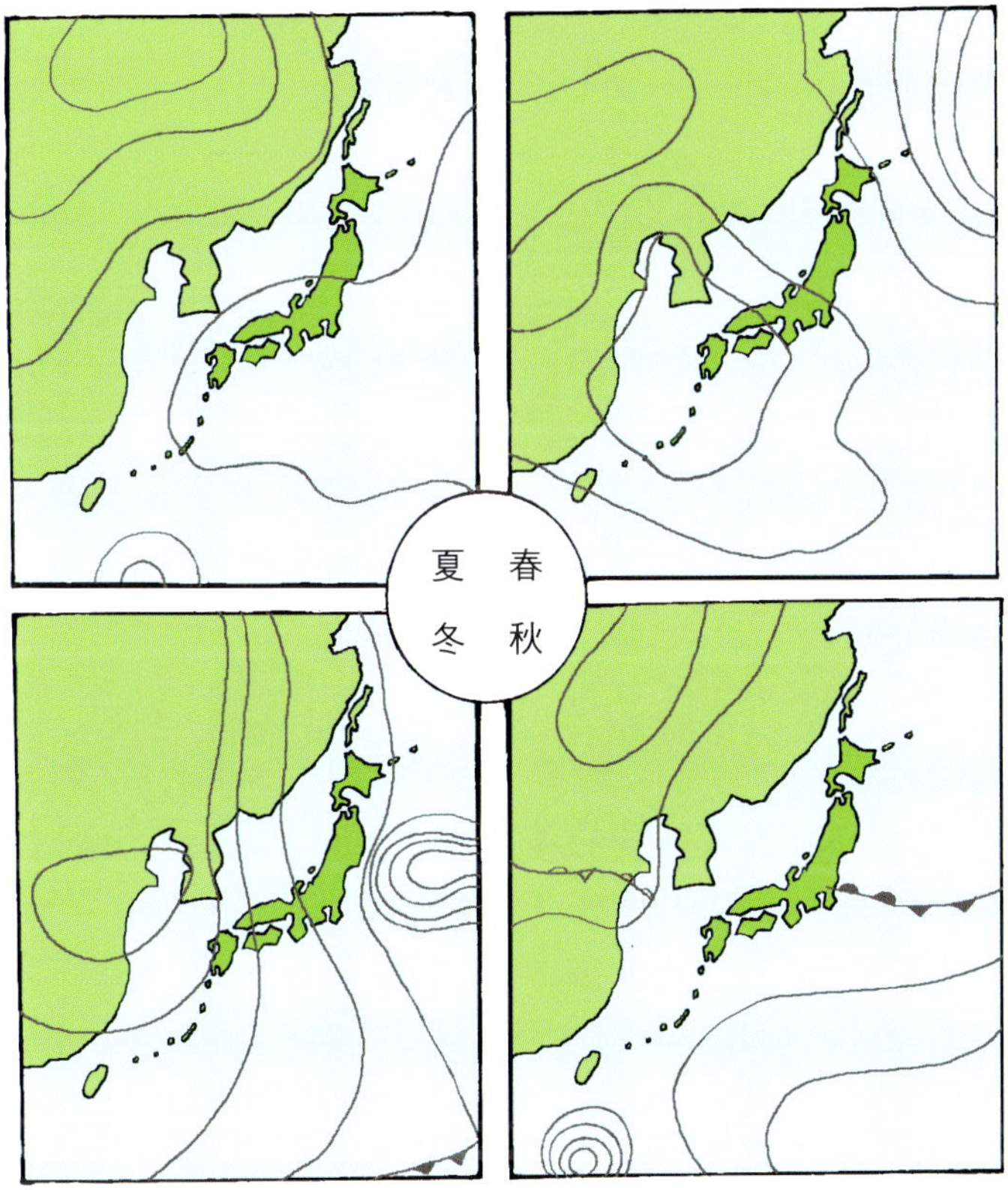

春：高気圧と低気圧が交互に通過し、安定した天気が長続きしないことが多い。

夏：高気圧に覆《おお》われ比較的安定した天気が続く。ただし、午後になると積乱雲が発生し雷雨となる確率が高くなる。

秋：太平洋高気圧が南へ下がり、台風が発生しやすい。日中と夜間で寒冷の差が徐々に大きくなる。

冬：本格的な冬型になると、日本列島の上を等圧線が縦に多数走り、日本海側は雪、太平洋側は晴天が続く。

天気図の見方に慣れる

まず天気図を見ると、粗密《そみつ》なしま模様の線が引かれていることにすぐ気づきます。これを「等圧線《とうあつせん》」といいます。等圧線とは同じ気圧の地点を線でつないだものです。

この等圧線を見てわかることは、

線と線の間隔が狭いほど風が強い

線と線の間隔が広いほど風は弱い

ということです。

冬の天気図を見ると等圧線が縦に立て込んで日本海や北海道によく現れますが、これは暴風雪になっていることを示していたりするのです。

また夏の場合は、ゆったりとした間隔の等圧線の輪が日本全体にドンと乗っているときがあります。安定した高気圧で風もない状態といえます。

●主な天気記号

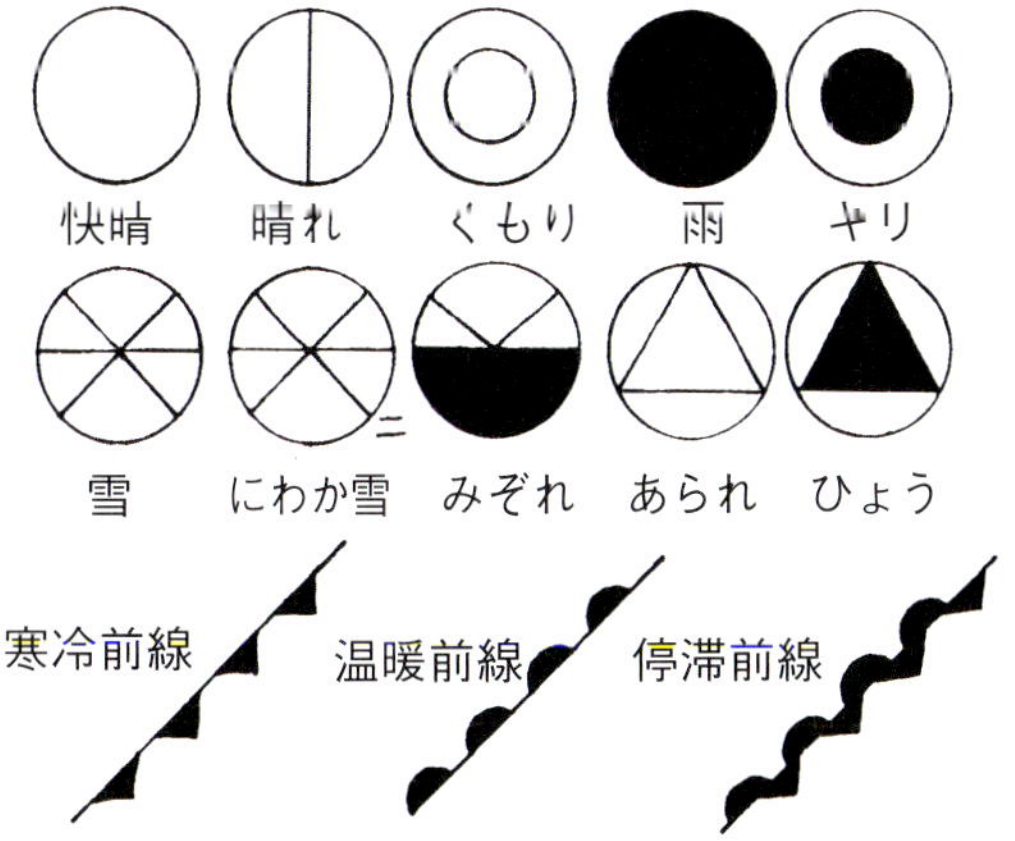

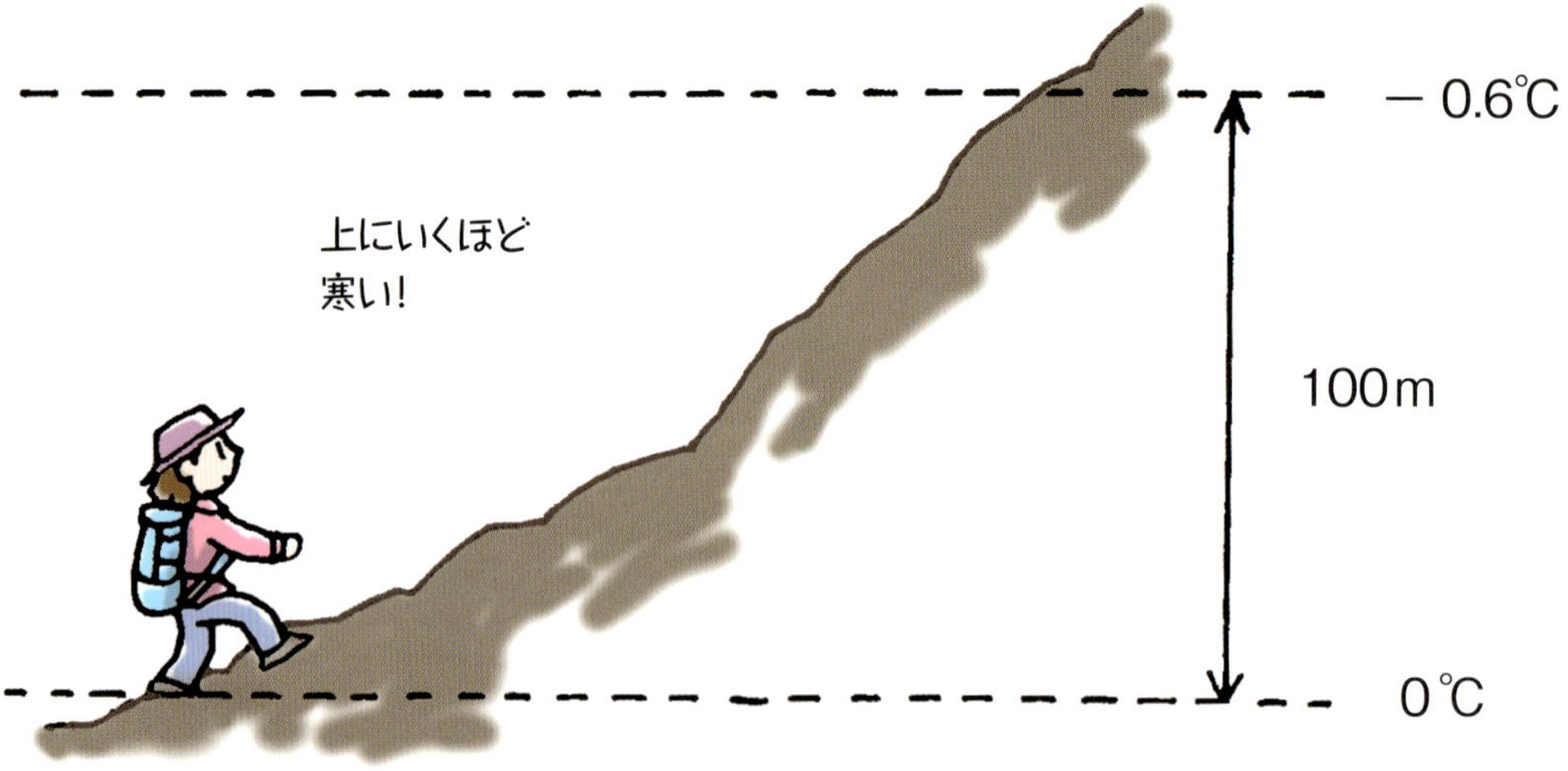

- 標高が100m増すごとに気温は0.6℃ずつ低くなる
- 風速が1m増すごとに体感温度（気温）は1℃下がる
- 湿度が20%下がると気温は1℃下がる

山の高度と山での風について

気温の変化は体調に大きな影響を与えます。その他の条件によっては、命にかかわるような病気や事故に結びつくことがあります。

野山と平地では、「場所の平均的な標高」が違います。標高と気温には密接な関係があります。15ページで紹介しましたが、もう一度確認しておきます。

標高と気温変化の理論に「気温の低減率」というのがあります。しかし実際の野山では「風」が吹くのがふつうですし、標高の高い場所で風がまったく吹かないということはありえませんから理論として考えておいてください。

つまり、標高が高くなるほど気温は理論的に下がりますが、実際には「風速」と「湿度」の条件が重なるともっと気温（体感温度）は下降するということです。

PART 2

ハイキングの道具をそろえよう

●高機能でファッション性の高いウエア

夏は通気性、
冷えても保温性が
あるぞ!
通気性
保　温
夏は汗を
外に出すのね。
透湿性

●標高1500m以下の夏のハイキングは、ウール素材が万能。

シャツは保温と通気性

季節にかかわらず、野山で着るシャツの素材にはウール素材が適しています。秋、冬は保温、春、夏は通気性に優れているからです。また、秋、冬でも動き方によっては汗をかきますし、春、夏でも一気に気温が下がることもあります。

化学繊維素材は肌触《はだざわ》りはいいのですが、汗の吸収力ではウールにかないません。吸収力が悪いと体の表面に残った汗が体感温度を必要以上に奪って、急激に体力を消耗《しょうもう》させます。

標高１５００ｍ以下の場所で夏に行動するときはウール素材が万能です。１５００ｍを超えるような高原や山では、午後3時くらいから気温が急激に下がるので、コットンシャツなど綿製品は適しません。

目立つ色はファッション性ばかりではない

楽しみという点ではファッションは重要な要素です。しかし、着ていったウエアが現地での行動や気候に適していなかったため、楽しさが半減してしまうことさえあります。

ウエアは、まず現地の気象・気候と高度などをよく考え併せて選ぶことが大切です。家にいるときは、気候の寒暖や雨、風によって適した服を選んだり、着替えたりすることができますが野山では持っていく荷物の量は限られています。また、ハイキングのためにウエアを選ぶときは、蛍光の目立つカラーにしましょう。ライムグリーンやイエローなどは霧などの悪天候の際、他の人から視認されやすく、また遭難時にも発見されやすいエマージェンシーカラー(非常色)になるからです。

●少し派手に思えても、蛍光イエロー、グリーン、オレンジなど目立つカラーは、霧などの悪天候の際、他の人から視認されやすく、安全性が高い。

野山ハイキングでのウエアは臨機応変に

●野山ハイキングの服装の基本は「重ね着」。寒くなれば重ねて着る、暑くなれば１枚ずつ薄着にしていく。

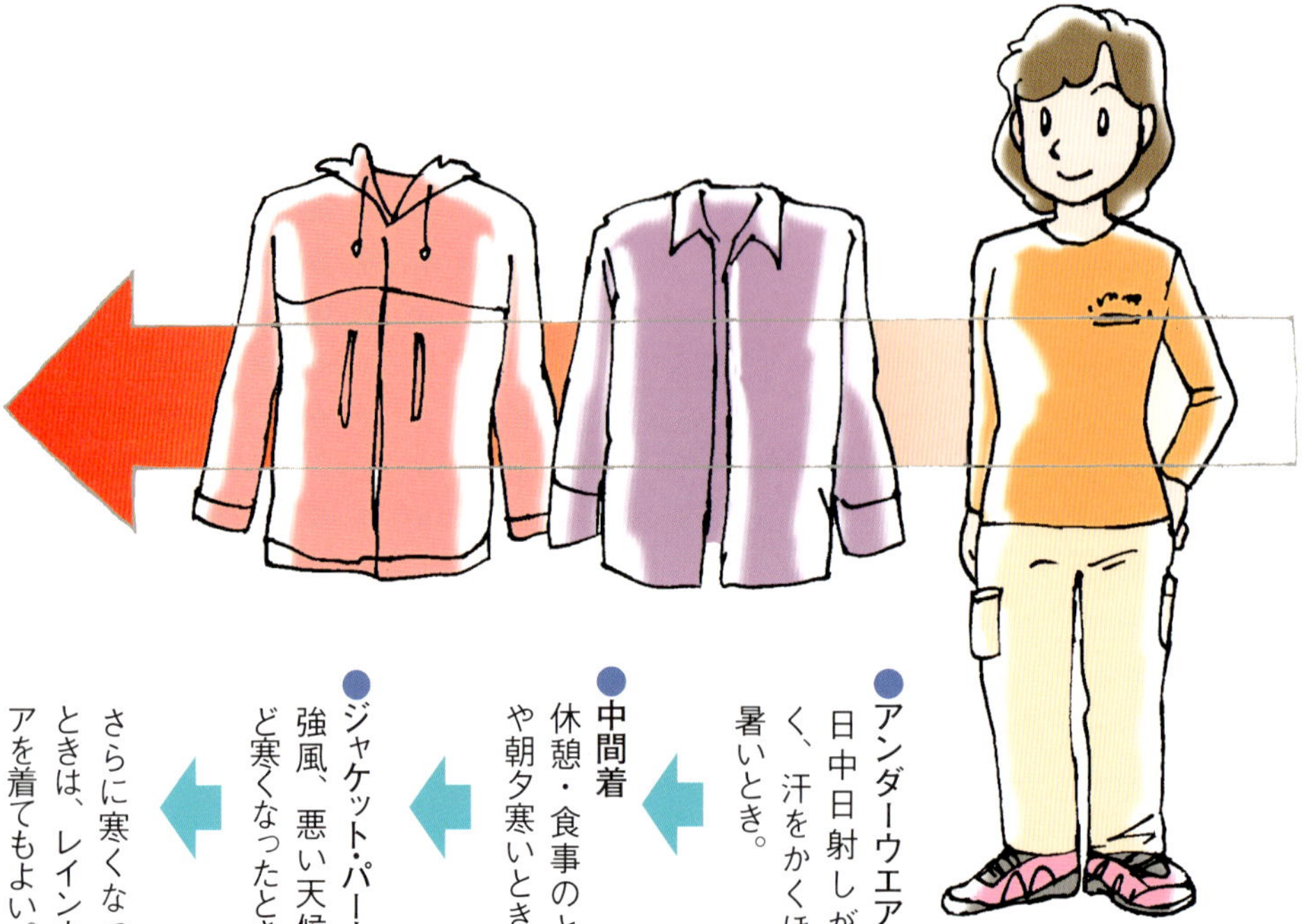

●アンダーウエア
日中日射しが強く、汗をかくほど暑いとき。

●中間着
休憩・食事のときや朝夕寒いとき。

●ジャケット・パーカー
強風、悪い天候など寒くなったとき。

さらに寒くなったときは、レインウエアを着てもよい。

素材を選び、寒暖に合わせて重ねて着る

ハイキングに出かけようとしたときに、まさかいつも会社に行くときのワイシャツを着ていこうと思う人はいないでしょう。

もしワイシャツだったら襟まわりは窮屈で、噴き出した汗はびっしょりで肌にまとわりつき、不快な思いをするでしょう。そしてその後は急激に冷えて、体温を急速に奪ってしまうかもしれません。

日常の生活であれば、今日の天気ならこれを着ていけば大丈夫、というぐあいに服を選べますが、ハイキングに行くということはいろいろな天候を想定して、「寒暖対応のできるウエア」の準備が必要です。

●シャツ
山用のウールシャツはOK。ふつうのポロシャツは蒸れやすいのでダメ。
●パンツ
マチ（タック）の入ったきゅうくつでないものが良い。
綿素材のラガーシャツが丈夫で良いという人が多い。

これらの荷物をザックに入れて歩くということを考えると、荷物の量をおさえなければなりません。ですから、ある程度、温度の幅に適応する服が必要になるわけです。

シャツの選び方ですが、山で着るシャツはまず「長袖」で、基本素材は季節を問わず「ウール」が一番です。保温と通気性がよいからです。

ウールやポリエステル、ナイロン混紡のシャツのほかにポロシャツもありますが、やや蒸れやすいようです。綿素材のラガーシャツは丈夫なので愛用者が多くいます。

野山は寒暖の差が大きいので、ウエアは常に寒くなったときのことを考えて対処しておきましょう。

その基本は〝ウエアは重ね着〟ということです。暑ければ1枚ずつ脱いで対応します。たとえば、まず下着を着たら次に長袖シャツ、その上にベストなど、そして最後にジャケット（パーカー）を着用するという着かたです。

ウエアやトレッキングパンツの機能と素材

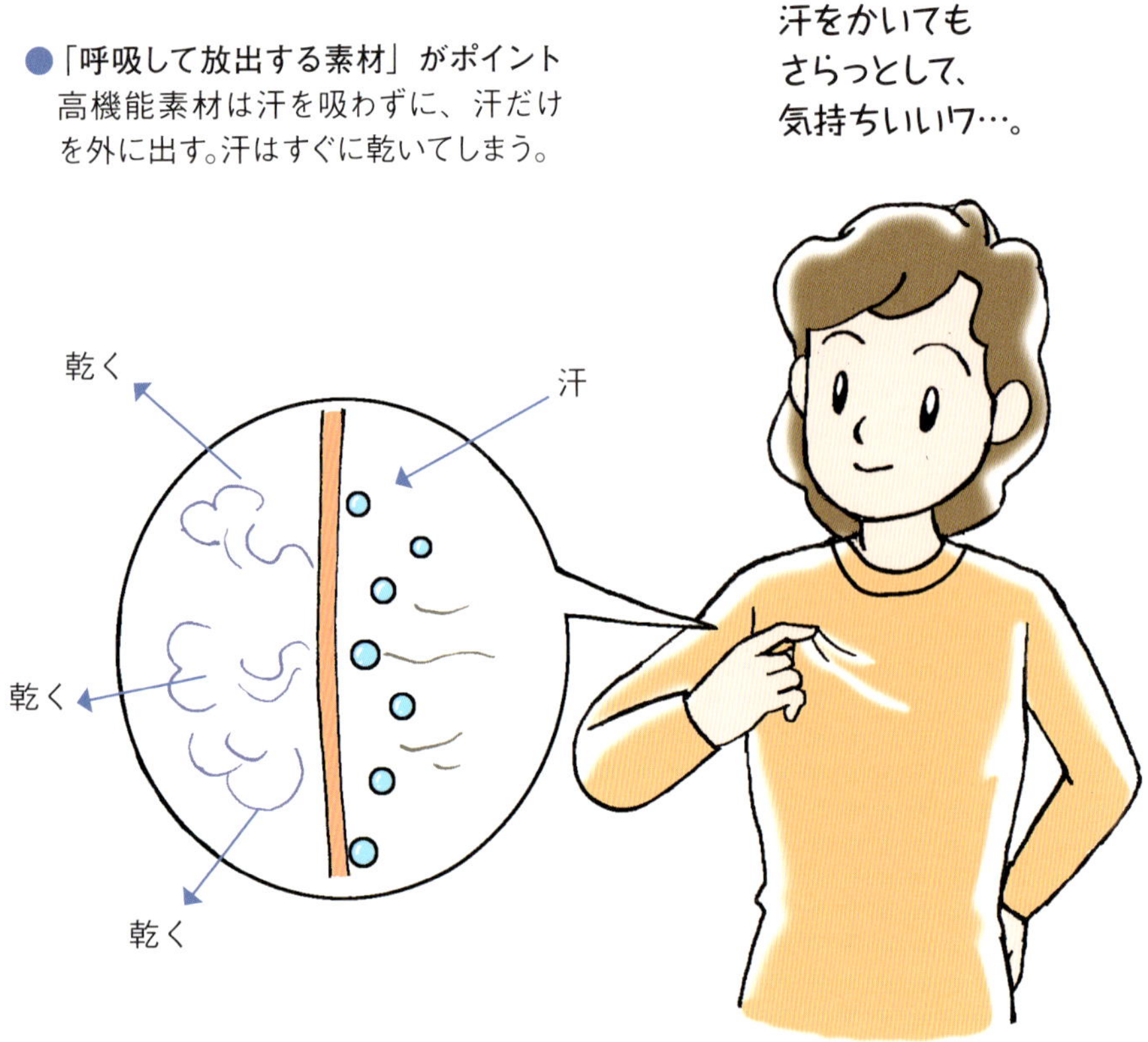
●「呼吸して放出する素材」がポイント
高機能素材は汗を吸わずに、汗だけを外に出す。汗はすぐに乾いてしまう。
汗をかいても
さらっとして、
気持ちいいワ…。
乾く
汗
乾く
乾く

丈夫さと運動性を併せ持つ

最近の傾向で春から夏、秋にかけて〝スウェットパンツ〟姿で野山を歩いている人を多く見かけます。素材は綿とポリエステルの混紡で運動性や発汗にも適していますが、もし転んでしまった際のことを思うと、あまり柔らかい素材も考えものです。

野山のハイキングで着用するウエアやズボンを選ぶポイントは、軽くて動きやすく、丈夫で、汗を吸わずに外へ出す素材――であることです。ナイロン製、ポリエステル製、綿混紡のものが春夏秋シーズン用にはよいでしょう。ズボンは比較的ゆったりした作りで、しゃがんだときなどつっぱらないように「マチ」が多くとってあるものが着用時にラクです。

●かつて、高機能素材のアンダーウエアはたいへん高価だったが、今では同じ機能の製品が量販店で安価に購入できるようになってきた。

高機能なアンダーウエアは命を守る

最近の傾向として、上着としてのシャツを選ぶ以上に、アンダーウエアを慎重に選ぶ人が多くなってきました。それというのも、ここ10年ほどの海山の遭難事故で、無事生還できた人の多くが「高機能なアンダーウエア」を着用していたからです。

昔はとおり一遍で〝下着といえば綿〟といわれました。今は違います。綿のように汗を吸ってしまってはその後に体温が急激に奪われ、あっという間に体力消耗してしまいます。

野山では「汗をかいてもすぐに乾く」ということが一番大切なのです。

綿とは違い、汗を吸わずに外に出す機能を持つのがポリエステル、オーロン、クロロファイバー、ポリプロピレンなどで、その素材で作られたアンダーウエアは高い機能でハイキングを快適にしてくれます。

雨具はトレッキングの重要な道具

●シトシトそぼ降る雨の中でも、レインウエアがしっかりしたものだと、楽しく過ごせる。色もカラフルに。

雨に降られても楽しくなるような雨具にする

野山の未経験な人は雨具を軽視する傾向があります。逆に、何度も痛い目に遭っているアウトドアのベテランは雨具を重視します。雨に降られてとぼとぼ歩くときはなんともわびしいです。そんなときは、しっかりした、カラフルで楽しくなるような雨具を持っていたほうが断然楽しくなります。

野山の行動にかなうアウトドア用の雨具は、決して安価ではありません。雨具を目の前にして、高機能で高価なものか、安価な雨具かで悩んでいる人も見かけますが、悩んでしまっているのでしたらぜひ、いいものを購入しておいたほうが後で後悔

●ゴアテックスは蒸れずに快適。フードには、小さくてもツバ付きのものを選ぶと便利。

しないですむでしょう。

使い捨てでいいからといって、まちがっても百円ショップやコンビニなどで売られている、100円から500円程度のビニール製の合羽やレインコートを購入するのだけはやめたほうがよいでしょう。

「防水性」と「透湿性」がポイント

最近のレインウエアには先端技術で生み出された素材が使われています。

「ゴアテックス」、「ゴアテックス+ナイロン」、「エクセロフト（ポリエステル）」などがそれです。防水性には「熱と湿気が内側にこもりやすい」という弱点もあります。この弱点を補強するのが「防水性+透湿性」の機能を持たせたウエアです。発汗によってウエアの内側にこもった「湿気を外に逃がし、外の水分は浸透《しんとう》させせない」という機能です。

雨、霧に濡れたヤブコギでは、下だけでもレインウエアのズボンをはけば快適に歩ける。

●セパレートタイプ

上着だけ、ズボンだけで着用することができるセパレートタイプが使いやすい。

セパレートタイプが便利で機能的

雨具の種類を大きく分けると合羽タイプ、上着とズボンが別々になったセパレートタイプ、上着だけのレインパーカータイプの3種類になります。雨具はその機能をよく知った上で選ぶことが大切です。

〈3種類の特徴〉

1 合羽

別の呼び名では「ポンチョ」といいます。頭から上半身全体を包み込むので、襟元《えりもと》から雨や雪が侵入することがありません。比較的軽量なことは長所ですが、両手をすぐに合羽から出すことができないという短所もあります。

2 セパレートタイプ

上下が分離しているので行動するときの機能性という点ではとても便利です。本格的なものは、前述した

●レインパーカーに折りたたみ傘

風がなく比較的平坦なコースでは意外と役に立つことも。

●合羽（ポンチョ）

ザックを丸ごと包みこんで着ることができる。足元が濡れるのでスパッツが必要。

ように最新の素材が使われていて高機能性が充実しており、高価なものもあります。

3 レインパーカー

日常生活でも使用できるものです。ただこれをハイキングのときに使うとなると、森や林の中、また風雨が強いときなど雨水から下半身を守ることができないのが短所です。しかしデザインの種類が多く、好みの型や色を選択しやすいというよい点もあります。機能面では、おもに風から身を守るウインドブレーカーと似ているので購入時に雨具としての機能を確認をすることです。

それから意外に便利なものが軽量コンパクトの折りたたみ傘です。雨具を着ていても顔に当たる雨粒や霧を防いだり、風のない森の中や尾瀬《おぜ》などのような木道《もくどう》を歩くときは、案外傘だけで歩けてしまうこともあります。

ザックの選び方

●一泊二日なら……
30 〜 40リットル

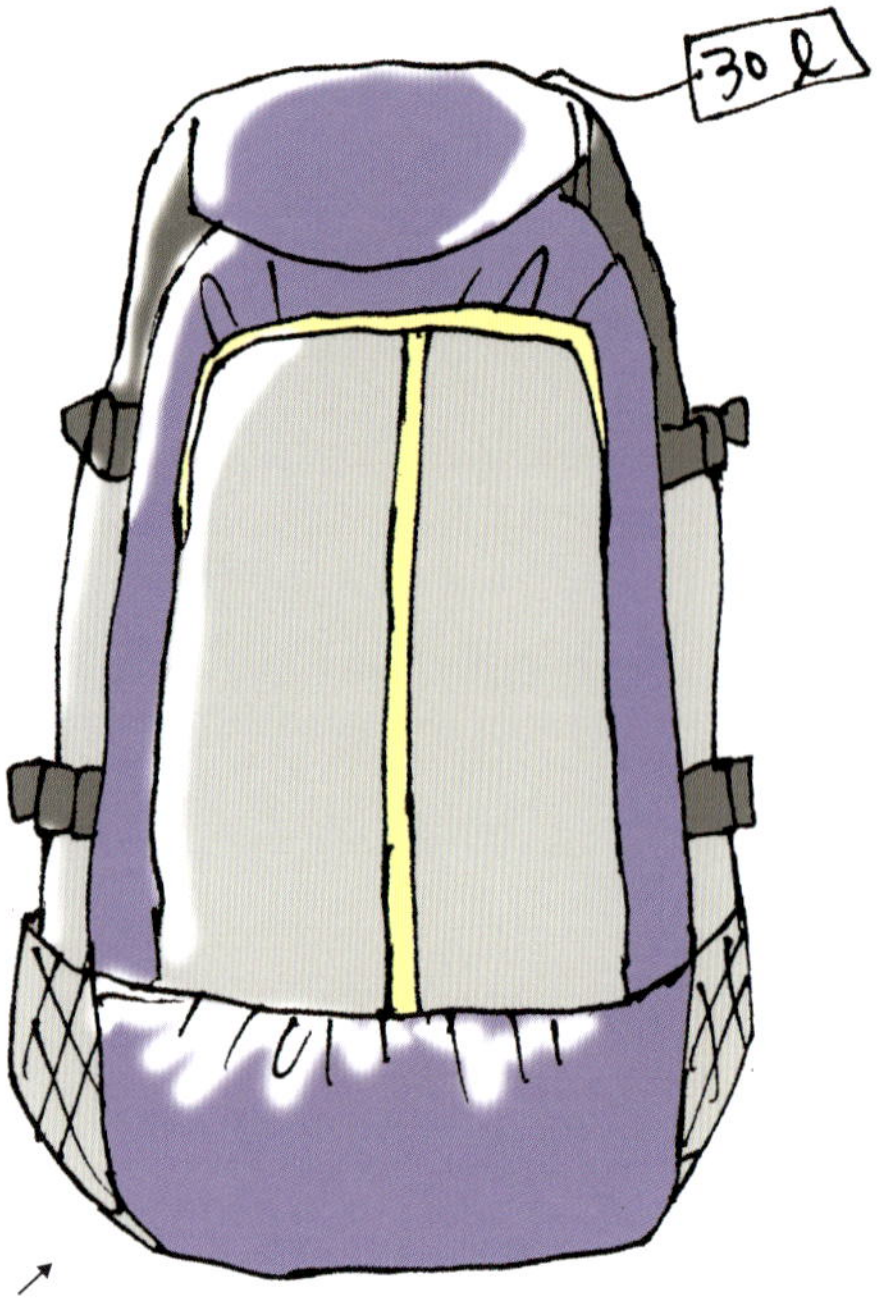

●日帰りなら……
16 〜 20リットル

各所にメッシュバンドや小さな取り出しファスナーがあると便利。

置くことが多いので濡れても大丈夫な素材の底部。

●ザックのサイズは内容量、リットルで表す。

行程や日数を考えて ザックの容量を決める

「ザック」とはドイツ語で「背負い袋」のことです。「リュックサック」、「リュック」、「バックパック」、「デイパック」などいろいろな呼び方がありますが基本の意味は同じです。特に登山で使うものを日本では「ザック」と呼びます。

「デイパック」とは、英語の〝ワンデイ・パック〟を短縮したもので、使いやすく便利なために都会の日常生活でも使われています。

ザックのサイズは、基本的に内容量、つまり「リットル（ℓ）」で表します。サイズのラインナップはまちまちで、小さい方から10〜70リットルくらいまで5リットルほどの単位で各サイズがそろっています。なお、

●どんなものを入れるか、想像してみよう。

タオル
ティッシュ
レスキューシート
おやつ
CHOCO
着がえ
サングラス
カップ
地図
雨具
エマージェンシーキット（救急箱）
ガスバーナー
コッフェル

メーカーやデザインによりベルトやポケットの位置など異なるので注意しましょう。

また、表示されているサイズは「最大容量」を示すものです。購入時に迷った場合は、大きい方のサイズにしたほうがよいでしょう。

〈ザックのサイズ目安〉

日帰りハイキング、日帰り野山歩き
16～20リットルのデイパック

これは男女を合わせた平均的な目安です。小柄《こがら》な女性の場合は10リットル前後のものでもよいでしょう。

山小屋1泊の登山
30～40リットルのザック

山小屋2泊の登山
35～45リットルのザック

容量が大きくなれば、いっぱいに荷物を詰め込んだときに当然重量も大きく、そして重くなります。ザックを手に入れたら、必ず事前に収納物を詰めて重さを実感しながら歩いてみることをお勧めします。

ザックに実際にパッキング〈収納〉する

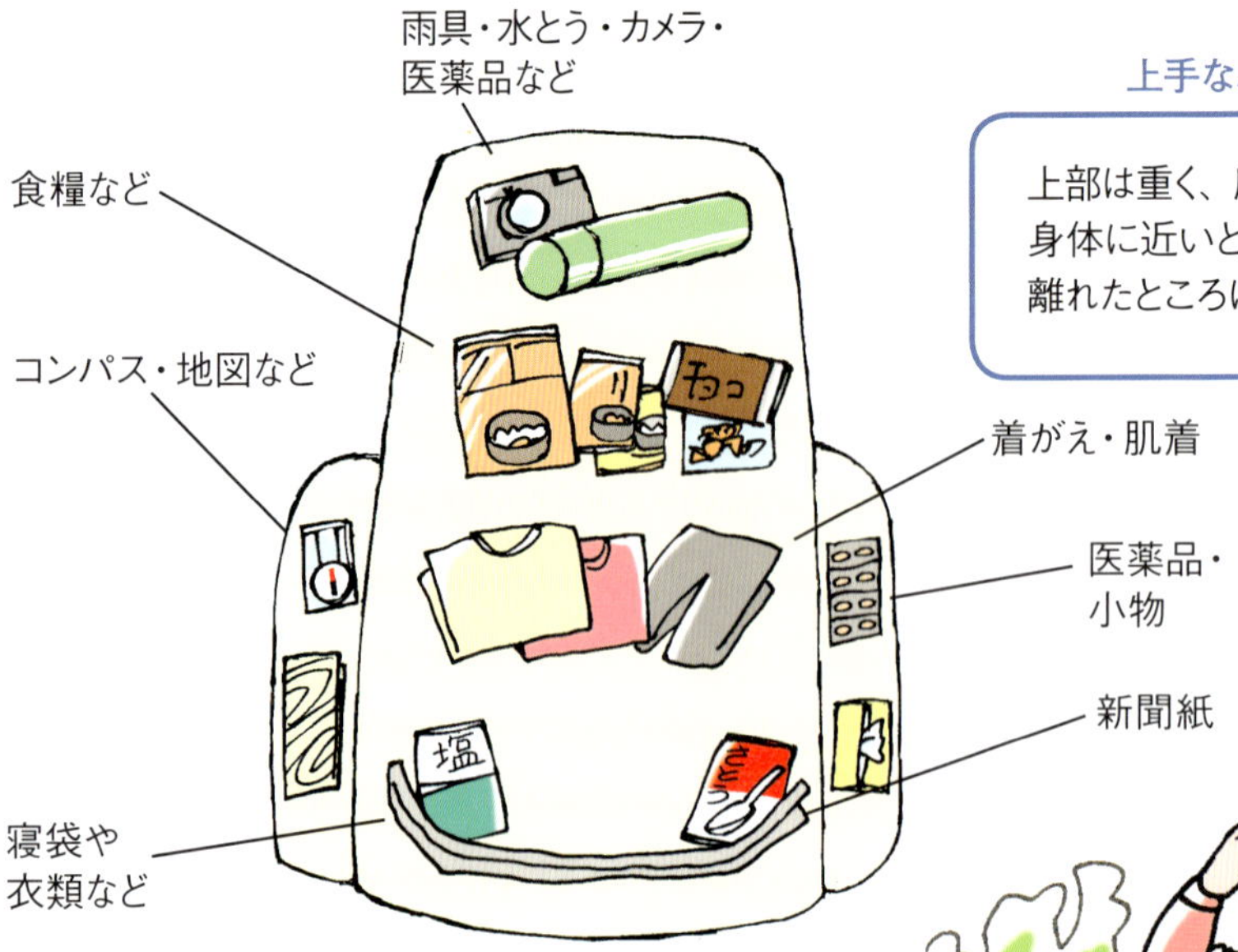
雨具・水とう・カメラ・医薬品など
食糧など
コンパス・地図など
着がえ・肌着
医薬品・小物
新聞紙
寝袋や衣類など
チョコ
塩

上手なパッキング

上部は重く、底は軽く
身体に近いところに重いもの、
離れたところに軽いもの

パッキングの手順

①底部には、ビニール袋に入れた砂糖、塩、衣類、寝袋などを入れる。割れ物があれば衣類をクッションに使う。「砂糖」と「塩」は非常用。
②中部には使う可能性の高い衣類（着替え肌着、ソックス）など。
③上部には雨具、水ボトル（水筒）、カメラ、医薬品など。
④左右のバランスとでこぼこを修正。

収納物を使うときのことを考えて

荷物をザックに収納する方法を「パッキング」といいます。パッキングの際には、それぞれの荷物の重さ、使う頻度《ひんど》、大きさ、丈夫さを考えておかないと、現地で度々荷物を引っ張りだして〝大捜索〟をするはめになってしまいます。

ザックを上部・中部・底部の3つに分けて、上部は重く、底部には軽いものを入れます。最後に左右のバランスと凸凹を修正します。

また身体の方に荷重の重心をもってくることで、ザックが背中にフィットしやすくなります。ザックもそれを計算に入れて設計されています。ザックの底には新聞やビニールなどを入れて防水をしておきます。

●ザックの上手な背負い方

ザックは背負ったときのフィット感が大切。ザックを背負ったら、ショルダーベルトをゆるめておき、ウエストベルトを腰骨ところで、しっかり締める。締め終わったら、ショルダーベルトを固定し、フィット感を確かめる。

●ザックの各部の名称

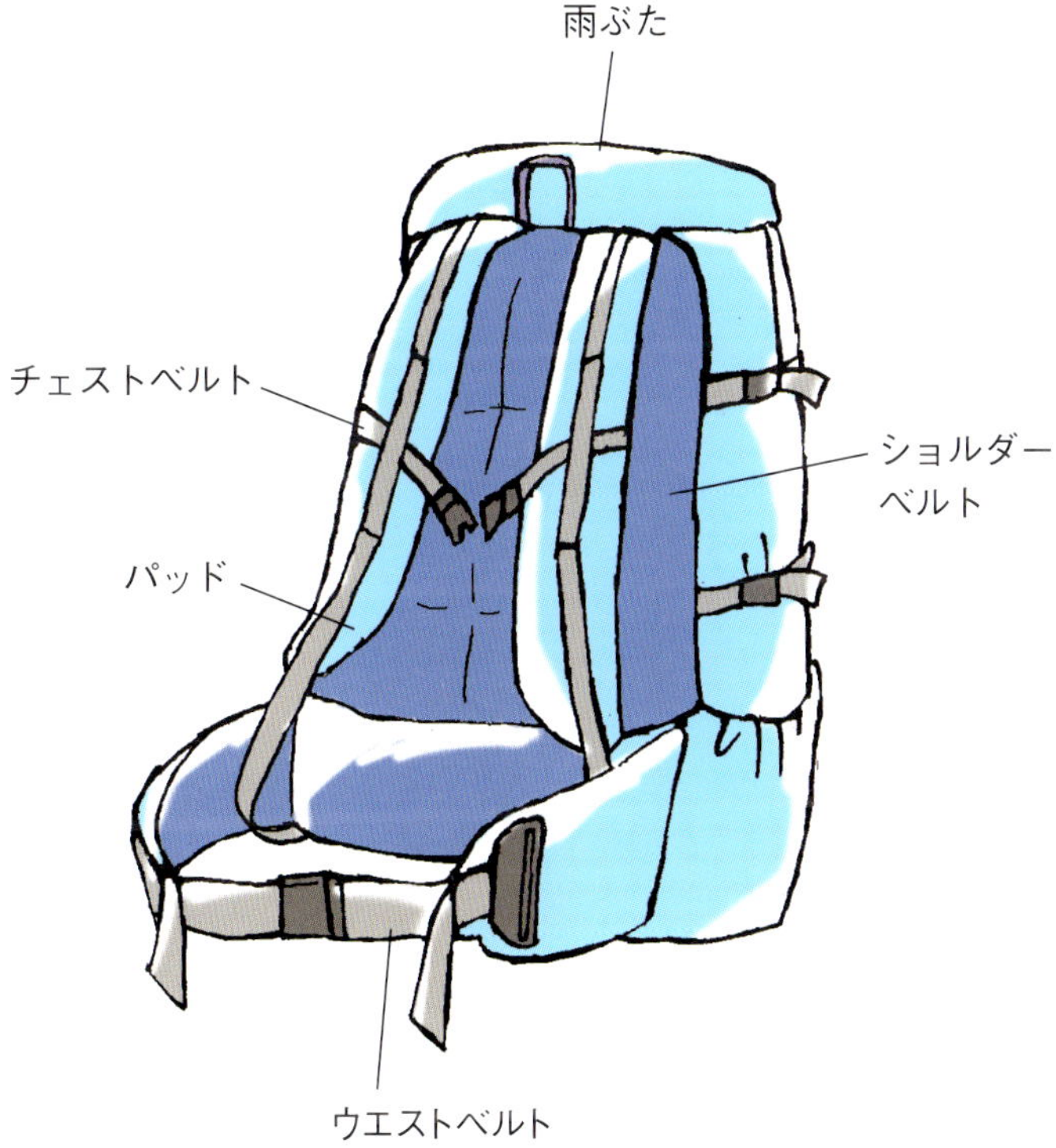

機能を知った上でザックを選ぶ

ザックは本体の袋の部分と肩ベルトだけでできているものではありません。さまざまなベルトやポケットが付いています。実際にハイキングに出かけるときは、日帰りで20リットルを使うとすると、ザックはけっこう膨《ふく》らみ重くなります。

このとき「ウエストベルト」と「チェストベルト」を締めると、ザック本体が横ブレするのと重心がブレるのを防いでくれます。ザック本体の表面についているゴムのコードは、一時的に脱いだ服やタオルをはさみつけるのに便利です。

〈ザック選びのポイント〉

- 左右のショルダーベルトが肩の少し内側にくるか
- ザック背面の長さが自分の背中より長すぎないか
- 防水性はあるか

トレッキングシューズの選び方

●アルパインシューズ（重登山）
ソール（靴底）は固く溝の深いパターン。日本アルプスや富士山のような、本格的な高山登頂を目的にする場合に適している。

●トレッキングシューズ（野山歩き）
里山や野山などをのんびり歩くことを目的とした場合に適している。楽な履（は）き心地のソフトタイプとしっかりした作りのハード・タイプがある。

目的と靴の種類を知っておく

一般的に、野山で使用する靴をひとまとめにして「登山靴」と呼ばれていることが多いようです。しかし、「目的の場所」によって適している靴にはいろいろな種類があります。

登山靴はトレッキングシューズ（ハイキングシューズ、軽登山靴）とアルパインシューズ（重登山靴）に大別できます。たとえば、日本アルプスや富士山など高い山を目的にする場合と、里山や低い野山などをのんびりと歩きまわるトレッキングやハイキングの場合では、適した靴は違います。

「いつも履《は》きなれているスニーカーではダメですか?」という人もいます。しかし、一般的に、スニーカー

●ハイカット型
くるぶしの上まで包み込むので足首が安定して守られる。
靴が足になじむまで平坦なところは歩きにくい。

●ローカット型
形が普通のスニーカーと同じで歩きやすく、平坦な土地に適している。
砂や砂利が靴の中に入りやすい。

と呼ばれている靴は靴底のパターンが山の斜面や滑りやすい場所向きにはできていません。やはりトレッキングシューズをお勧めします。

●野山のハイキングを中心に楽しみたい

●森の散策、キノコ狩り、野草狩り、夏日帰りの軽登山、山小屋に1泊登山を楽しみたい

このような人には、重登山靴よりも軽くて歩きやすいトレッキングシューズがベストです。

トレッキングシューズの表皮（アッパー）は丈夫なナイロンで、内部にはゴアテックス素材を使ったものがムレが少なく快適です。

メーカーによって微妙にデザインが違いますが、形としてはふつうのスニーカーとほぼ同形の「ローカット型」と、くるぶしの上まで覆《おお》う「ハイカット型」があります。足首やアキレス腱を保護するという点ではハイカットがすぐれていますが、慣れるまでは少し歩きにくく感じます。

靴を買うときは必ず試し履《ば》きをする

●購入時のポイント①
靴を購入するときは、特に信頼できる専門店で買うようにする。とにかく、何足も試し履きをして、その中から自分の足に合った靴を見つけよう。

山用品専門店の靴コーナーでいろいろ履《は》き比べる

靴選びに失敗しないように、覚えておきたい購入するときの重要なポイントがあります。トレッキングシューズは、足を保護するために日常の靴よりも複雑な内部構造になっています。ですから自分がいつも覚えているサイズが、そのまま靴の寸法に合致するとはかぎりません。

また、メーカーによって数値が同じでも実際に足を通してみると微妙に違います。遠慮《えんりょ》せずに納得いくまで試し履《ば》きをしてみてください。

日本人の足は〝ダンビロ甲高《こうだか》〟だといわれます。個人差がありますから断言はできませんが、男性には靴幅がやや広めである「3E」がよい

●気に入った靴が購入できたら、大切にしまい込んだりせずに近所を散歩したり早く足になじませましょう。

●購入時のポイント②
靴は「夕方」に買う。
実際に使用する厚手のソックスを持っていく。
両靴を履き、店内を歩いてみる。
「すて寸」は1～1.5cmが目安。

でしょう。甲の高さは試し履きで〝ベロ〟が横にずれるようならばさらに甲の高いものにします。また、女性に多い「巻爪」、「そり爪」の人は、つま先に十分な余裕を持たせるとよいでしょう。

靴は「夕方」に買うというのが原則です。足にむくみが出やすいのが夕方だからです。このとき寸法合わせをすれば、山でむくんだとき足が痛むことはないでしょう。

また、つま先や靴幅の微妙な感じを試すために自分の山用のソックスを持っていきましょう。

そして店内では実際に両靴を履き、歩いてみてください。つま先、靴幅、クッションの感じは実際に履《は》いて、歩いてみないとわかりません。

それから、かかとが着いているときの靴とつま先にできる〝必要なすき間〟の「すて寸」は1～1.5cmを目安とします。自宅に持ち帰ったら、すぐ近所を歩いてみて履き心地を確かめ、足になじませるようにしましょう。

使うと便利な野山ハイキングの道具

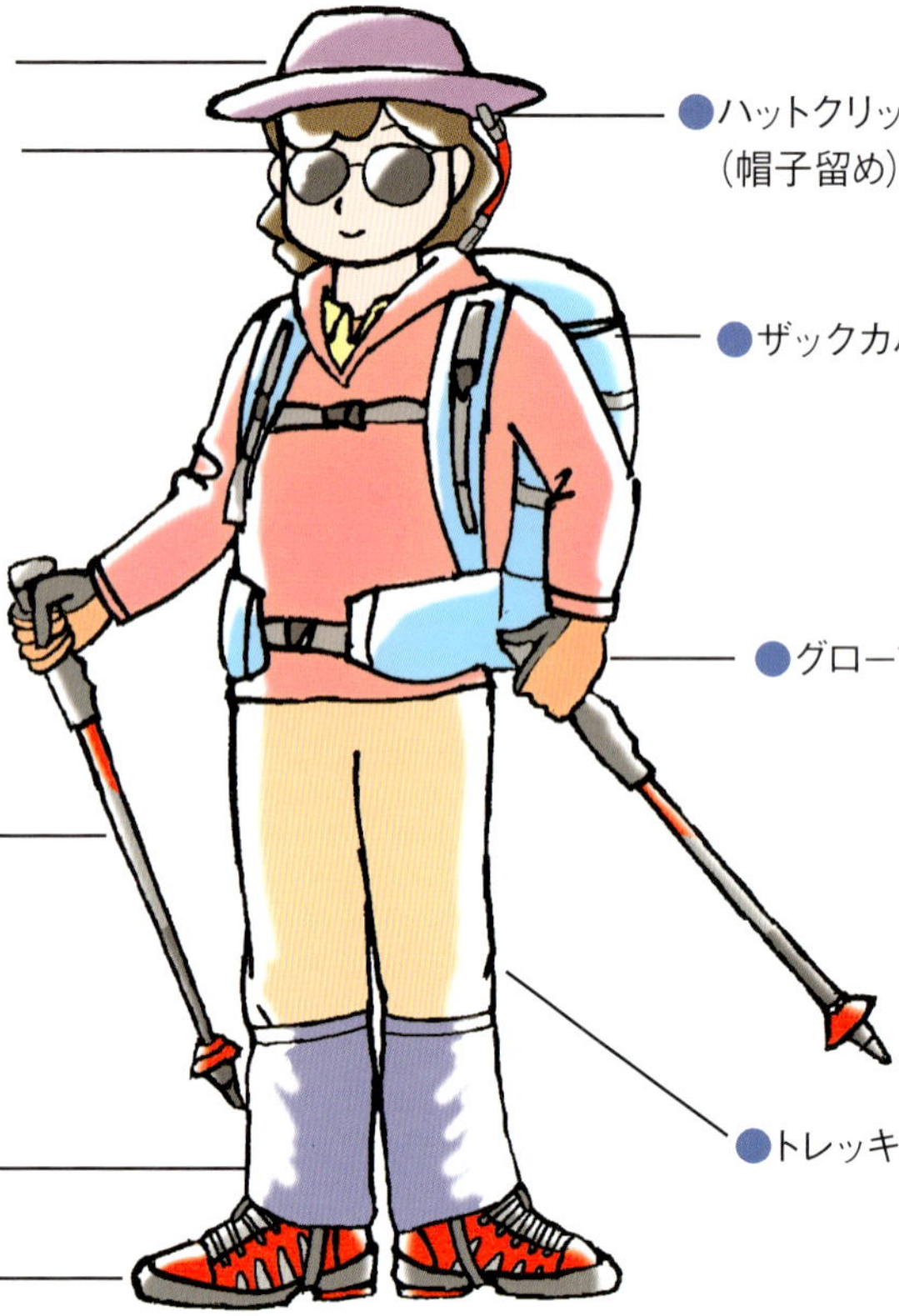
帽子
サングラス
ハットクリップ
（帽子留め）
ザックカバー
グローブ
ストック
（トレッキングポール）
トレッキングパンツ
スパッツ
トレッキングシューズ

装備をしっかりすればハイキングがもっと楽しくなる

現代の都市生活は便利なものであふれています。自然の中に入り込んで野山を歩くという行為は、ある意味で都会の便利さから離れて「不便さを楽しむ」ということでもあります。自分が〝持ち歩ける範囲内の道具〟で、〝いかに効果的で有効な機能〟を引き出して使いこなせるか、が道具というものを考える場合大切です。

直接身につけるものとしての道具、ハイキングのときの山用品に装着して使うものや、いざというときに役立つサバイバルレスキュー用品など、いろいろな関連用品をその機能とともに紹介します。

●タオル

汗をふくものとしては、これに勝るもの無し。

●ヘッドライト

額から点灯するので両手が使えて便利。夜間の行動には必携。

●ストック

(トレッキングポール)

上りでは使わないが、下りでは先につくことでひざにかかる負担をやわらげる。

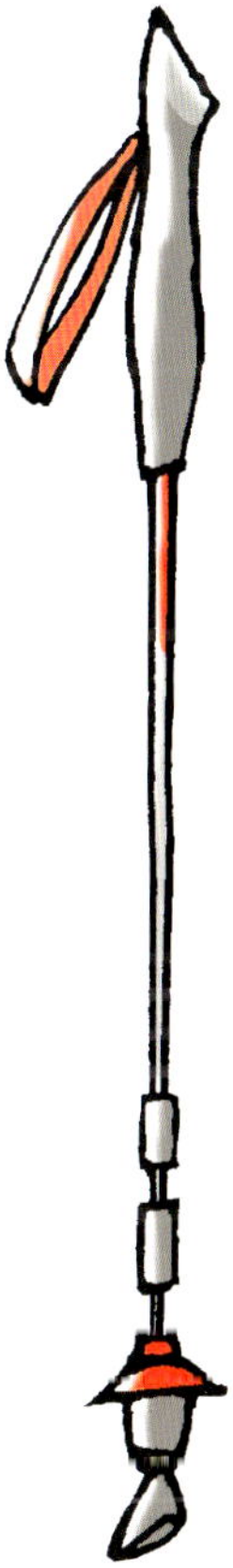

●グローブ

岩場をつかむときややぶこぎのときに手をケガから守る。雨の日なども保温用として役に立つ。

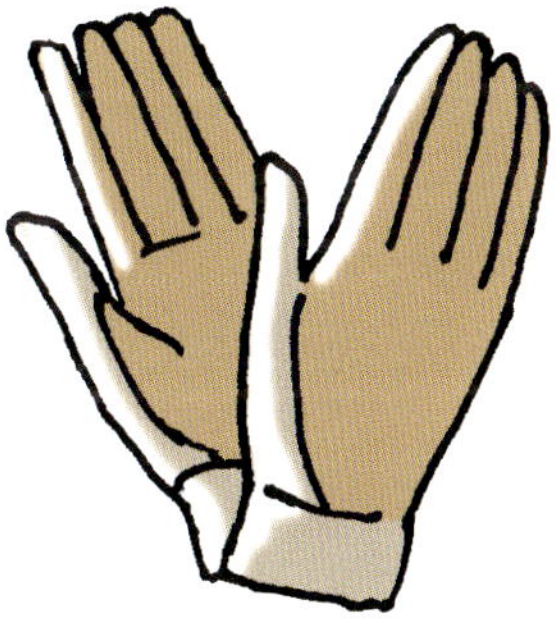

●スパッツ

朝露に濡れた下草のあるところを歩いたり、ぬかるんだ場所を越えるときに使うとズボンや靴の汚れを最小限にする。

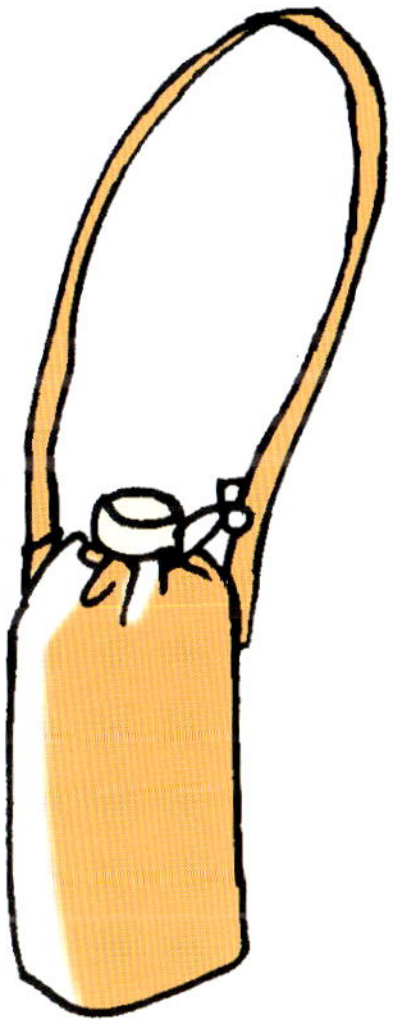

●帽子

日差しを避ける効果のほか、木の枝や岩から頭部を保護する効果が大きい。強風で飛ばされないよう、襟と帽子を留めるハットクリップもあると便利。

●サングラス

山の強い紫外線で目を傷めることが多いので、携行すると重宝する。

●水筒

何度も水を詰めて使うことを考えると水筒も経済的。

●ウエストポーチ
携帯電話やコンパス、地図、ウエットティシュなど、すぐ取り出すものを入れておくと便利。

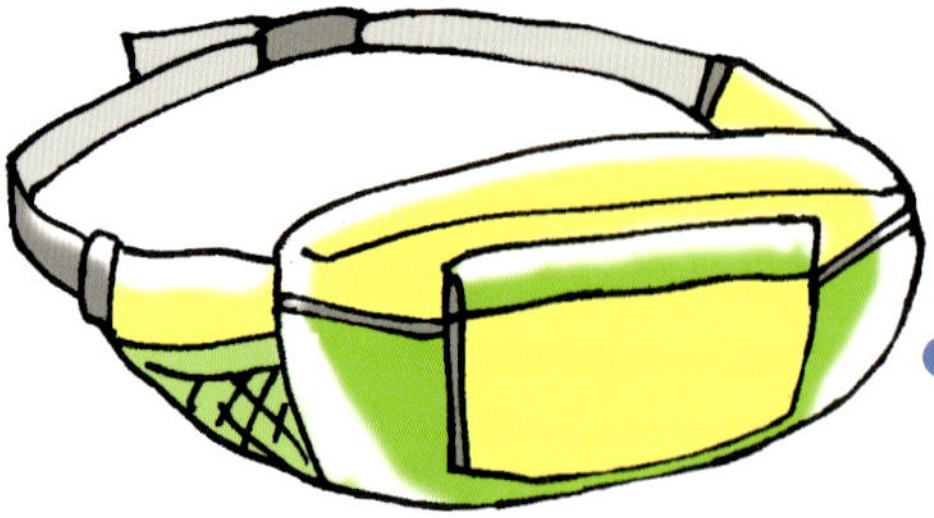

●ザックカバー
ザック本体と中身が濡れないように雨の日にかけるカバー。

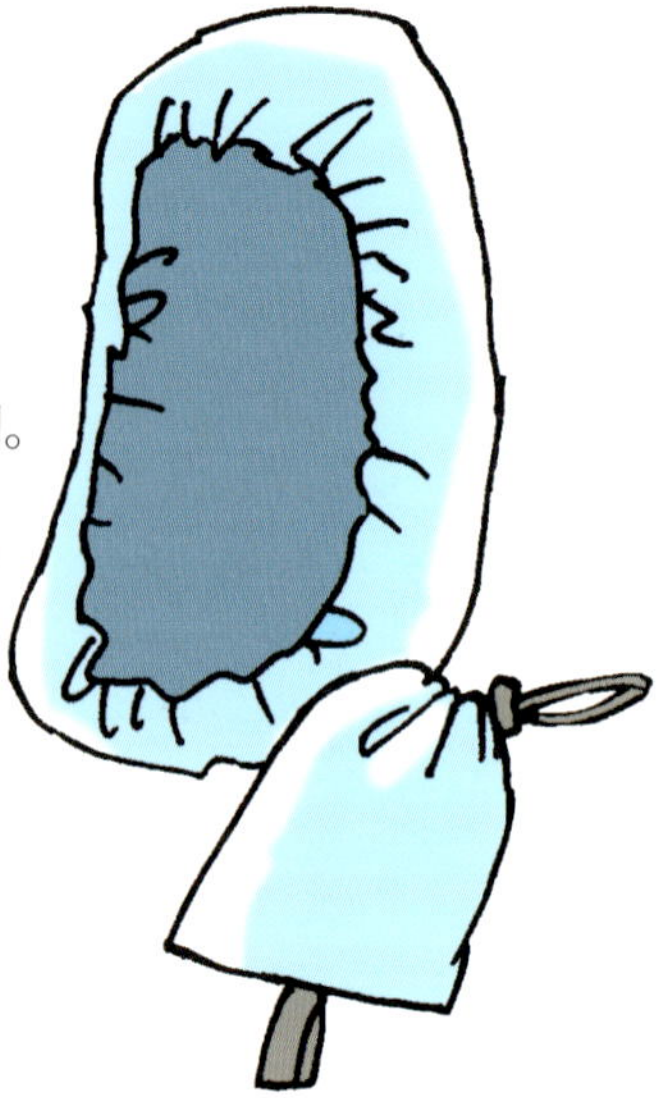

●ウエットティシュ
水場がないときなど持っていると何かと便利。

●レスキューシート
アルミ蒸着ポリエステルのシートで身体に巻くと温かい。約50gと軽く小さくたためる。

●ファーストエイドキット（救急用品）
消毒薬、きずテープ、包帯、湿布剤、とげ抜きなど救急用品がコンパクトに入ったもの。

●ホイッスル
緊急呼び出し用の笛。あらかじめふき方で何を意味するか決めておくとよい。

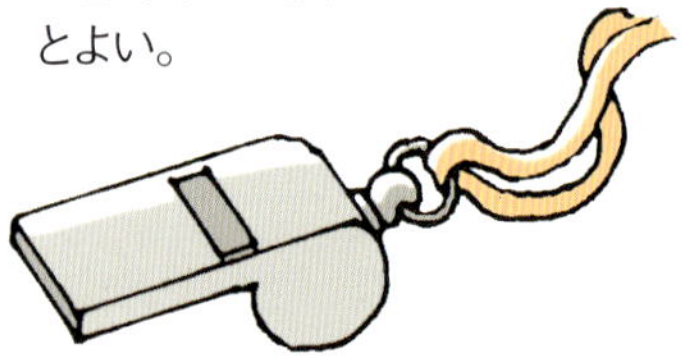

●万能ナイフ
ナイフ、ハサミ、栓抜き、缶切り、ドライバー、爪楊枝などの機能を備えたナイフ。

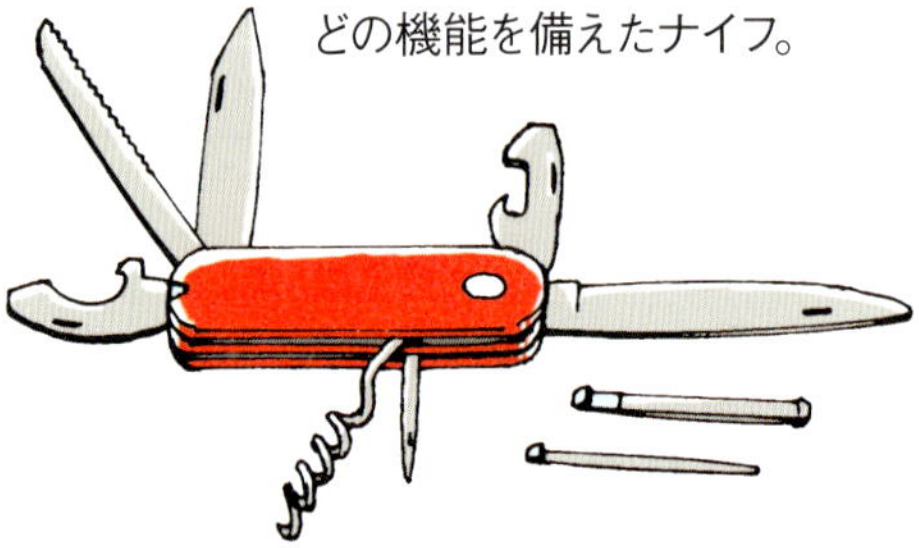

●サイドポケットにペットボトルを入れておけば、こまめに水分補給ができる。

●ひざへの重量負担を軽くするため、下りはストック（トレッキングポール）を上手に使おう。

よさそうなものは積極的に使ってみよう

ハイキングでひざを痛めたりするのは、そのほとんどが下りのときです。ストックを上手に使えばひざにかかる重量の負担を軽くすることができます。この場合、ストックは1本がいいのか、2本使ったほうがいいのかということになりますが、身体をあずけていくバランスと腕の負担を考えると、両手にストックを持って先々についていくのがよいでしょう。

また、ザックの中にペットボトルなどを入れてしまうと、取り出してこまめに飲むのが面倒になります。運動中の水分補給はとても大切ですから、ザックを選ぶときには、サイドポケットやベルトにペットボトルを固定できるものを選ぶとよいでしょう。ウエストベルトに付けるドリンクホルダーも便利です。

ハイキングに持っていくと楽しい道具

●歓談しながらお茶を飲むのもハイキングの楽しみのひとつ。

最近の山用品は究極のハイテク・グッズ

およそ何の世界でもそうらしいですが、「もの」を進化させていくと最終的には、軽量、丈夫でコンパクトなものを求めることになるそうです。山の用品もまさにそのとおりで、かぎられた容量のザックの中に、いかに丈夫で軽量コンパクト化されたものが、どれだけ入れられるか――ということになってきます。ヒマラヤに行く山岳隊などはそのようなシビアな重さと容量の戦いをしながら登山をするわけですが、私たちはもっともっと気楽な野山ハイキングですから、それほど重さなどに敏感になる必要はありません。

とはいえ、登山用品が進化してく

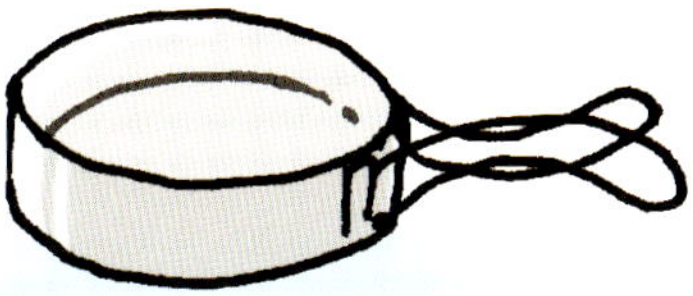

チタン製のコッフェルなど
軽くて丈夫。においがつかないので、携帯するには最適。

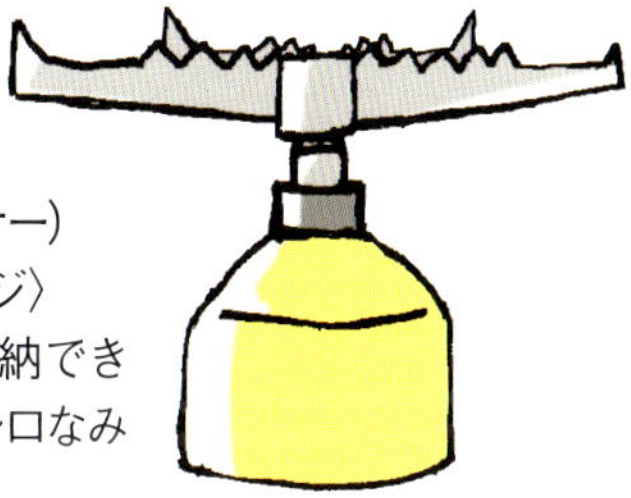

ストーブ（バーナー）
〈ガスカートリッジ〉
コンパクトに収納できて、カセットコンロなみの火力がある。

スキットル

チタン製カップ

折りたたみ式スプーン・フォーク
収納時にかさばらない。

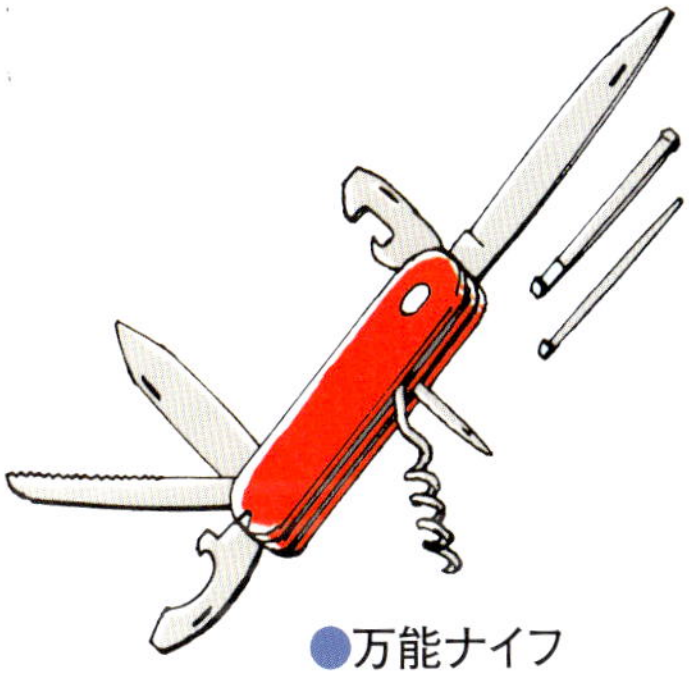

万能ナイフ

双眼鏡
動植物を遠くから見たり、頂上から下界を見るときに持っていると便利で楽しい。

携帯トイレ
大きさはB5判ほどで厚み1cm、重さ80g程度。緊急のときに小用が足せる。

れたおかげで、私たちが使う山用品もいろいろな種類でずいぶんよいものが出てきました。においがつかず、軽くて丈夫な「チタン製」のカップやコッフェルなどはもうだいぶ普及してきています。

ここに出てくるものは、ハイキングの途中で休むときや山小屋に泊まるとき、こんなものを持っていれば便利で楽しくなる、というものです。

ハイキングで必ず重宝する食料

数人の仲間でハイキングに行くときには、自分の好きな食べものや飲みものを各人で持参するとよいでしょう。持ち寄ったそれを休憩タイムのときに出し合って、みんなで楽しむのもいいものです。

缶入りなどの飲みものは重たくなるのでやめます。コーヒーを飲むのでしたら水を沸かしてドリップタイプで落として飲みます。紅茶とお茶はティーバック、疲れたときに甘くして飲むために砂糖も忘れないことです。

黒糖などの飴玉とチョコレートは必携と考えましょう。甘いものはいらないという人でも、素朴な糖分として氷砂糖などはよいものです。

そのほかにスキットルにウイスキーや焼酎などの酒を持っていくのも、いざというときの気つけ薬によいかもしれません。

また。少し面倒という人もいるかもしれませんが、リンゴやミカンなどその季節のくだものは、山でリフレッシュするときに食べると疲れがとれて意外によいものです。

●お酒
かさばらないように、スキットル（ヒップフラスコ）に詰め直しておく。いざというときの気つけ薬にも。分量はほどほどに…。

●季節のくだもの
山でリフレッシュするときに食べると疲れがとれる。現地で旬のものを調達するのもおススメ。

●飴・チョコレート
普段、甘いものがいらないという人でも、運動すると糖分が欲しくなるもの。

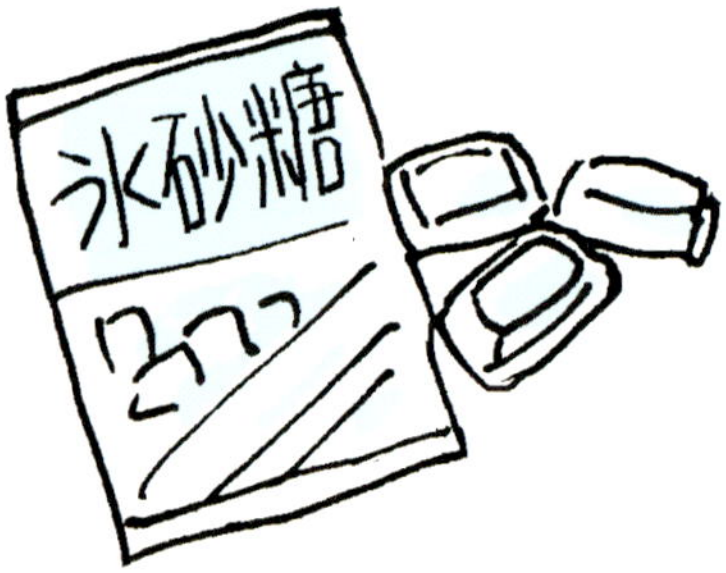

●氷砂糖
最も素朴な糖分だが、疲れたときには効果抜群。細かくしてコーヒーにいれてもよい。

●お茶・コーヒー
お茶はティーバック、コーヒーはインスタントかドリップが軽くてよい。

PART 3

楽しく安全なハイキング〔行動編〕

ハイキングの前に、まずストレッチ

●集発前には、ストレッチで身体をほぐしたり、ザックなどの装備の点検や靴ひもなどを確かめる。

●まず筋肉を温めること。

呼吸を止めずに、筋肉を温める

ハイキングの当日、電車などで現地へ到着すると、長時間座席に座っていたために、ひざが硬くなったりしているものです。そのまま歩きだすのはケガの元です。身体と筋肉を伸ばす「ストレッチ」を行ってからハイキングを楽しみましょう。

特に入念に足腰の筋肉を温め、ほぐしておくことが大事です。身体がザックの重さに慣れていないときにいきなり脚に負担がかかりすぎると、足がつったりして一日中不快な思いをしなければなりません。そうしないためにも、出発前に基本となる下半身のストレッチを行いましょう。

また、同時に装備の点検や靴ひもの締め具合などを確かめます。

基本的な下半身のストレッチ

※常に呼吸を止めずに行う

●伸脚《しんきゃく》。深く腰を落として足全体を伸ばす。つま先は常に上を向くように。

●つかまり立ちし、片足を後ろに曲げて足首を手でつかみ、尻にグッと引き寄せ、太ももの前面を伸ばす。

●足の位置は肩幅より広くとり、四股《しこ》をふむ前の体勢で尻をゆっくりと下げる。
太ももの上を伸ばす。

●片足のひざを曲げ、腰を落としてもう一方の足を後ろへ伸ばしながら、太もも裏とアキレス腱を伸ばす。

ハイキングの基本・ラクな歩き方

歩幅は狭く足の裏全体で地面を踏んでいく感じで歩行。

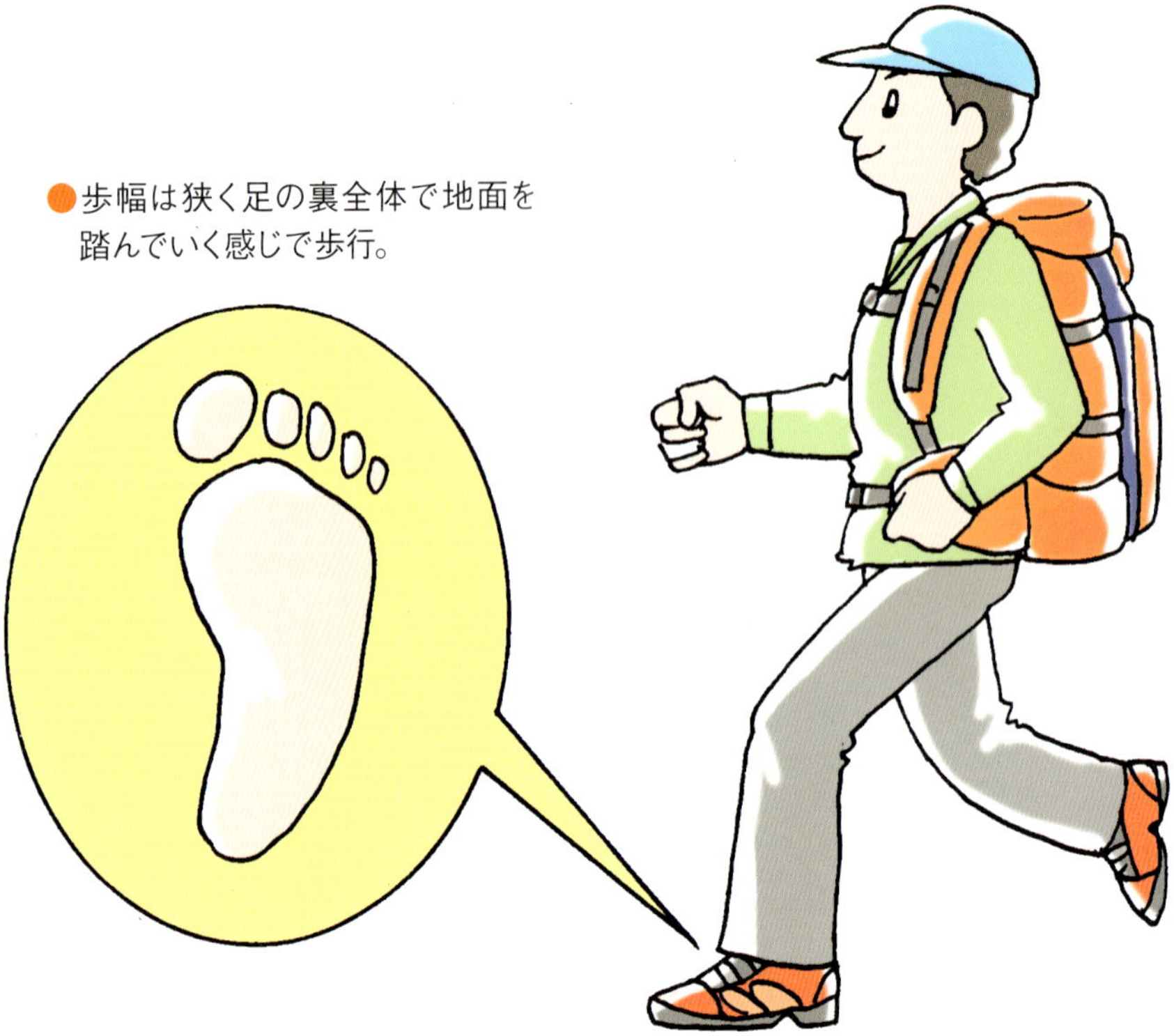

足の裏全体で、土の上を踏み進んでいくイメージ

平地の歩き方と野山の歩き方は基本的に違います。

日常生活では自分の歩き方を意識することなどめったにありませんが、野山では安全で疲れない歩き方を身につけておくことが大切です。また、無理のないラクな歩き方をすれば、行動半径もぐんと広がります。

山の歩き方は基本的に急ぎ足ではありません。ですから、急ぎ足のときの歩幅が広く、足の裏の一部で蹴るように…、という歩き方とは正反対で「歩幅を狭く、足の裏全体で」という歩き方をするのがふつうです。つまり、歩幅を狭くして足の裏全体で地面を踏む感じ意識して歩きます。

靴ひもはここまで締める
●上り斜面ではきもち少し緩めに締める
●靴ひもは、いちばん上のフックまで必ずかける。地形の状況に応じて、ひもの締め方を微調整する。
●下り斜面ではきもち少し強めに締める

靴ひもは状況に応じて調整する

トレッキングシューズの靴ひもは、常に同じ強さでは締めません。地形の状況が大きく変わるときなどは、ひもの締め方を微調整します。

たとえば、平坦な地面から登り斜面にさしかかったとき、またそれとは逆に下り斜面が始まったときには、事前に締め方を微調整します。というのも、上り斜面では足首に適度な余裕がないと、足の運びが難しくなり、また下り斜面では靴の中で足がつま先方向へ遊ぶと爪を傷める可能性があるからです。それを防ぐために靴ひもを〝少しだけ〟強めたり緩めたりして締めるわけです。

また、靴ひもはいちばん上のフックまでかけるのが基本です。特にハイカット型の靴の場合、足首の位置までしかひもをかけていないとくるぶしから上を包んでいる部分が足首を守ることができなくなります。

歩行ペースと休憩時間のとり方

今日は、どういうペースで行く?
わたしは、だいじょうぶ…。
少しゆっくりで…。

歩行は「30に10」のペースを意識

1 リーダーの役割

グループで行動するときには、リーダーがいてしかるべきでしょう。2、3人ならまだしもそれ以上のグループになったらいろいろなことから必要になってきます。

しかし実際には、経験の多い人がなんとなく「リーダー的」な役割を果たしているのではないでしょうか。

でも、面倒見がいいからとか、リーダーをやりたがっているからといって、それだけで決めるのは危険です。リーダーには体力や経験だけではなく、「さまざまなことを調整する能力」も求められるので少し大変かもしれません。

2 歩行ペースの作り方

全体のペース作りは歩き始めて最初の15分でだいたい決まります。15分間というのはあっという間ですが、これから歩く全体のペース作りには重要です。15分程度歩いたら、疲れていなくてもいったん休憩をとり全体の調整を行います。

● 靴ひもの締め具合はどうか？
● ザックのバランスはどうか？
● ウエアの選択は正しかったか？
● 身体の調子はどうか？
● 同行者の様子はどうか？

15分で得ることができる情報は重要です。この間に出てくる不具合を無視して歩き続けると、後から大きなしっぺ返しを受けます。

3 休憩《きゅうけい》時間のとり方

ハイキングのときの休憩時間は、だいたい30分歩いて10分の休憩をとるのが標準的といわれています。

これはあくまでも標準モデルとして考えられるものですから、グループ構成、地形の条件、当日の大気などによって柔軟に変えて構いません。

ただ、全員が元気だから距離を稼《かせ》ごうとして、一気に1時間も2時間も歩き続けることはよいことではありません。

グループ構成が全員50歳以上の場合は、まず「30に10」のペースで歩いてみることが最善です。すべてを余裕めにみて無理はしないことです。問題がなければそのペースを基準にして歩きます。

山道で風通しがよく見晴らしのよい場所へ来たら、たとえ歩いた時間が20分であっても休憩をとって大自然を満喫《まんきつ》するのもよいでしょう。

何人かで構成するグループの場合、メンバーすべてが同じ体力の持ち主ではないということを、リーダーは再認識しておくことが肝心です。

かなり疲労していても、仲間に遠《えん》慮《りょ》して元気を装う人がいます。このような兆《きざ》しを的確に見抜くことが大切なのです。

上りと下りの歩き方

●リーダーは、
いちばん遅い人に合わせる。

平地、上りはリーダーが最後尾から

上り斜面が続くところは、リズムをとりもどすまで幅を小さくします。楽しいハイキングできつい思いをしている人はいないか、リーダーはしっかりと休憩《きゅうけい》時間などにメンバーの顔を見ておく必要があります。

そして歩いているときも、最も遅い人にペースを合わせるのが原則ですから、その日のペースが最も遅い人にいちばん先頭を歩いてもらい、そのペースに合わせるようにリーダーが率先して全員に促します。

グループの最後尾に最も体力と経験の豊富なリーダーがつくことによって、最後尾からメンバー全体の様子を把握《はあく》します。

●足にかかる重さは
体重の3～4倍。

うわっ、
止まれないーっ!
●下りで転ぶとケガが
大きい。走らない!

野山のハイキングは下りが肝心《かんじん》

上りは傾斜に見合ったペースをつかみ、急斜面になるほど、ゆっくりと歩くのが原則です。歩幅を小さくして自分のリズムが定まるまでは無理をしないようにしましょう。

問題は野山のハイキングで事故が起こりやすいのは「下り」のときなのです。そういう事故に遭わないように次の三つのことを知っておいてください。

1 下りは走らない

上りのきつさから解放されて、「あとは下るだけ」という安堵感がくせものです。下り始めると、あなた自身の体重と荷物の重さでスピードが加速していきます。脚の筋肉も疲れていて突っ張ることができず、その気がなくても自然に体が走り出しそうになるわけです。こうなるとみじめですが自力で止めることは困難で、結局転んでケガをしてしまいます。

2 足には体重の3～4倍の荷重がかかる

下りでは、「体重＋荷物の重さ」の荷重が足にかかります。たとえば体重が60kgで荷物が約3kgなら、およそ190～250kgの荷重があなたの足にかかります。その重みだけでもラフな歩き方をしていると「ひざ」に負担をかけてよくありません。ゆっくり用心深く下ることが一番です。

3 靴底の文様《もんよう》を十分に活用する

ハイキングシューズの靴底の文様は、山を下るときのためにあるようなものです。下りでは靴底全体の摩擦力を最大限に利用することです。

まず、下りでは心持ち前傾姿勢をとり、腰を落とし気味にして重心を低く保ちます。また急な斜面では、経験者が先頭を歩き、足元の情報を確実に後から続く人に伝えることが大切です。

●水分は
こまめに
摂ること…。
その昔は……
運動のときは
水分をとるな!
といわれたもの。

●水分・塩分・糖分を適度にとる

「水を飲むとバテる」は迷信

身体を動かすスポーツでは「水」は重要です。特に、「水を飲むとバテる」という迷信を信じている人がいるといわれますが、それはまったくのまちがいです。むしろ飲まないでいたほうが身体に悪く、決定的な体力消耗につながってしまう結果となることもあります。

のどが渇く前に水を飲む

この言葉は中東の砂漠地帯に住む人々たちに何千年もの間、言い伝えられてきたことです。これは野山の行動にもそのまま当てはまる大切な言葉です。

人体の6割は水といわれています。脱水症状をおこすと命に関わる危険もあります。水の摂取は重要です。

端的に言えばのどが渇くという現象は、「脱水症状」が体内で進行しているというサインです。

夏には大量の汗をかきます。汗は体温調節という重要な役目を果たしていて、発汗することによって体温の急激な上昇を抑えています。体内の水分が不足していて、発汗量が減少すると体温が上昇し、血液の濃度が濃くなり流れが悪くなります。その結果、全身に酸素が運ばれなくなって極端な疲労につながるわけです。

それからこういうことも大事です。

水はこまめに少量ずつ飲む

一度にがぶ飲みしても身体にいき渡る量は決まっているからです。一度にがぶがぶ多量の水を飲んでも、それがすべてすぐに全身にいき渡るわけではありません。飲んだ水が体内の各部に供給されるまでにはある程度の時間がかかります。一気に飲んだとき気分はすっきりするかもしれませんが、脱水症状の緩和《かんわ》には大きな効果はありません。

体の水吸収に時間的、量的なズレがあることを計算に入れて、「適量をこまめに補給する」ことを心がけてください。がぶ飲みした結果、下痢《げり》を起こして脱水症状がさらに進行してしまうという危険もあります。

少量の「塩」は効果的

汗の大部分は水ですが、水分といっしょに「塩分」も失われます。ふつうの水だけでは塩分の補給はできません。熱中症にならないためにも、塩分（ナトリウム）の入ったスポーツ飲料などを携行してこまめに飲むことです。また「梅干」も、クエン酸と塩分補給という点で効果的です。

なお、糖分も必要で、飴玉もよいですがブドウ糖の粒状のものがありますので、適度に舐《な》めながら補給することも大切です。

●スポーツドリンクも、水代わりの摂取によい。

●飴や黒糖でかんたんなエネルギー補給。

●面倒くさがらず、みんなで立ち止まって水分をこまめに摂る。

ハイキングのときのトイレは

基本的に野外での用足しはオーケー。

さて、どこでどうやって用を足そうか

トイレで用を足す——。ふだんの生活ならば何の問題もないのですが、場所が野山ではそうそうどこにでもトイレがあるわけではありません。特に女性の場合、野山のハイキングでいちばん気がかりなことはトイレだったりするのです。

では、実際にハイキングに行った場合、トイレに行きたくなったらどうしたらよいのでしょう。まず基本的に使える場所として考えてよいのが山小屋のトイレです。宿泊者だけではなく山小屋のトイレは基本的に借りることができます。

山小屋のトイレは有料だと考える

多くの山小屋では、飛び込みでト

●明らかにゴミであったり、すぐ土にかえらないものは捨てない。

ん?
ティシュは
だめか…。
それは、
捨ててはダメよ…。
お持ち帰りね。

イレを利用する人を対象にした「チップ箱」がトイレの付近に置かれています。これは、「チップだからお金を入れなくてもよい」ということではありません。多くの人が利用したトイレの後処理は、大変な労力と費用が現実にかかります。近年は環境に対する意識が高まり、多くの登山者が訪れる山では自然を破壊しない「バイオトイレ」などが増えつつあります。

「キジ撃ち」をするとき

本当に野鳥のキジを撃つわけではありません。「キジ撃ち」とは、道から外れた草むらやヤブの中で「用を足す」ことを意味する山の隠語です。

女性には多少抵抗があるかもしれませんが、〝緊急事態〟が発生したらしかたがありませんね。人目をさけて登山道から離れた場所へ行くわけですから、足場の地形やマムシなどに注意しましょう。

ヤブと森の中の歩き方

ヤブに入ると方向感覚がなくなる
危ないと思ったら「枝ッ!」のように声を出す

「ヤブこぎ」は平泳ぎの要領で

登山ならば山道を歩くのが原則ですが、ハイキングなどでは道から外れてヤブや雑木林の中を歩くことも多くなります。

ヤブや雑木林の特徴は、東西南北どちらの方向を見渡しても、ほとんど景色が同じだということです。

このような道のないところを歩くことを「ヤブこぎ」といいます。背の高い笹などが茂っているヤブを進むときは、水泳をするときの「平泳ぎ」の格好で、両手で前方のヤブをかき分ける要領で進むとうまく歩けることがわかります。

見通しの悪い「ヤブこぎ」のときは、前の人が枝を跳ねたり、メンバーが散らないように注意しましょう。

ヤブで迷ったときは

どちらへ行けばよいか分からなくなったときは、どんな人でも不安に襲われます。まずは落ち着いて冷静に対処するのが一番ですが、ここで自然をよく知っている人と、知らない人の行動は2つに分かれます。

1 必ず上の方をめざす

野山で迷ったとき、人は知らず知らずのうちに下へ下ろうとします。そのほうが心理的に楽になるからだといわれます。

しかし、これが落とし穴なのです。焦って歩き回ったあげく、谷（沢）に迷い込んだり、崖の上に出て動きがとれなくなったり、どうしようもない状態になってしまいます。最悪の場合は崖を滑り落ち、遭難するケースもあります。無事に沢へ達しても山は裾野へ下るほど広くなっていて、発見される可能性は低くなってしまいます。

●もし、ヤブの中で迷ってしまったら…。

沢や谷には下りず、
稜線（上）の方向をめざす!

野山は、尾根に出れば人の歩く道にぶつかるはずで、登山道に出たら下ればよいわけです。

2 ケモノ道をたどらない

人が分け入ることのない場所でも、突然、細い道に出くわすことがあります。焦っているときに道を見つけると、疑うことなく無条件で「この道を行けばいいんだ」と信じたくなるものです。

こんなときこそ落ち着いてよく観察します。道のあちらこちらに動物の「フン」、「毛」が落ちていたり、枝や草に毛が付着しているようなら、その道は「ケモノ道」です。ケモノ道とは、イノシシ、鹿などの動物が日常的に歩いていたりして使っている道のことです。

ケモノ道は、ふつう尾根を外れて谷へ下っています。ですから、ケモノ道は上へ行っても下へ下っても〝人の通る道〟へ出ることはほとんどありません。

渡渉《としょう》、丸木橋、吊り橋を行く

●安定しているようで危ないのが、「浮き石」！
グラッとして転倒に注意！

不用意に石の上に乗らない！
グラつく浮き石に要注意！

川の安全な渡り方

ハイキングをしていると、特に地図で見落としていたわけでもないのに、橋が架かっていない川や沢に出くわしてしまうことがあります。その川の中を歩いて渡ることを「渡渉《としょう》」といいます。

こんな場面に出くわしてしまったときには、ここで説明することを思い出してください。川の安全な渡り方には絶対に守る鉄則があるのです。

まず、川の構造を知ることです。まっすぐの川は川岸より中央部が深く、流れが速いということです。また、曲がっている川は張り出しているほうが深く、流れが速いということを覚えておいてください。

●つり橋はふざけてゆらさないこと!

吊り橋は静かに歩く。

●丸木橋はすべる!
すり足で。

急いで渡ろうとしてはいけない!
丸木橋は濡れていると滑る。

ふくらはぎの中ほどまでがやめる目安

渡るときは、水深が「ふくらはぎの中ほどの深さ」が限界です。流れている水の力は想像以上に大きいものです。体力のある若い男性でもひざから上まで水に浸かると、前進するのはかなり困難です。浮き石に乗らないように注意し、滑りやすい川底をすり足で歩くようにします。

丸木橋や吊り橋を渡る

小さな川や沢に渡した丸木橋はハイキング中によく渡って歩きます。ゆっくりと落ち着いて、目線を対岸の縁や目線の高さの木などを見るようにして渡るとよいでしょう。もちろん滑りやすいですから、ゆっくりとすり足で歩くことが鉄則です。

吊り橋は強度を過信せず、1人ずつ、無用に揺すらぬようにして早めに渡りきって進むのが一番です。

岩場、クサリ場、ガレ場を越える

●岩場では
3点確保が大原則。

手のホールド（岩をつかむ）は、目線より心持ち上が目安。

安全に岩場を越える方法

ハイキングの途中で岩場に出合うことがあります。さて、この岩場を安全に越えていく基本は「三点確保《さんてんかくほ》」を守ることです。

まず「両手、両足の4点」で身体を確保します。このときは岩に身体を密着させないで、足元が確認できる程度に身体を岩から離します。岩を登るときは必ず手足の3点で身体を確保し、1点だけを使う――というのが三点確保の方法です。つまり、手や足を同時に使わない。一度に動かすのは手か足の1点だけ、残りの3点は身体を支えます。

岩場を超えるときは、手足の4点のうち2点以上を離すと姿勢が不安定になり危険ということです。

クサリ場、ガレ場を越える方法

岩場に設けられているクサリやハシゴは、初心者や経験の浅い人にとっては〝危険箇所〟の〝指導標〟の意味もあります。ただし、基本的な進み方を覚えた上で、経験者が同行していれば、むやみに恐れる必要はありません。

岩場のクサリやハシゴを上るときは、それらに全体重をまかせっきりにするのは危険です。万一、足を滑らせたときには、両手だけでぶらさがるような格好になってしまうからです。基本は「三点確保」が原則です。あくまでもクサリは、体を安定させてバランスをとるための手段です。

クサリ場では「1人ずつ通過する」ことを厳守しましょう。初めてクサリに取りつく人は、不安感が先に立ちますから無意識にクサリに頼ってしまいます。つまり、クサリに取りついている人の注意力は「手元」に集中します。したがって、経験のある人が指示を出すときは、常に「足場」がきちんと確保されているかを注意してあげることが大切です。

ハシゴは「ステップを握る」ことがポイントです。ハシゴも、手足の運びは「3点確保」が基本です。

沢の奥部（ツメ）や山腹の斜面には、大小の岩や石が一面に広がる「ガレ場」という場所がよくあります。ここでは「浮き石」や苔の生えた不安定な状態の石に足をとられないように注意してください。

●足場をしっかり確保する。

コースルートとマーキング

●マーキングの赤テープには保障は無し。

指導標とマーキング

山道の入り口や道が左右に分かれる分岐点に立てられた山道案内標識のことを「指導標《しどうひょう》」といいます。これらは国立公園の管理事務所、市町村、地元の山岳会などが設置しているものです。

普通の登山道や散策コースなら地図と指導標でチェックしていれば道に迷うことはまずありません。

また山道を歩いていると、木の枝や幹に結びつけられた「赤いテープ」が目に入ることがあります。これは登山者やハイカーが道に迷わないように、自分で目印をつけたもので、「マーキング」といいます。

マーキングしたら、帰りに必ず外して持ち帰るのがマナーです。放置しておくと、景観を壊すだけではなく、他の登山者を混乱させる原因になります。なかには他の人への親切心から残しておく人もいますが、それは勘違いで親切心の押しつけです。「赤いテープ」には何の保障もありません。それでも歩いている道に自信がないと、知らず知らずのうちにテープに頼りながら進んでしまうことがあります。何人もの人たちがそれぞれの目的でつけたものですから、惑わされないように注意しましょう。

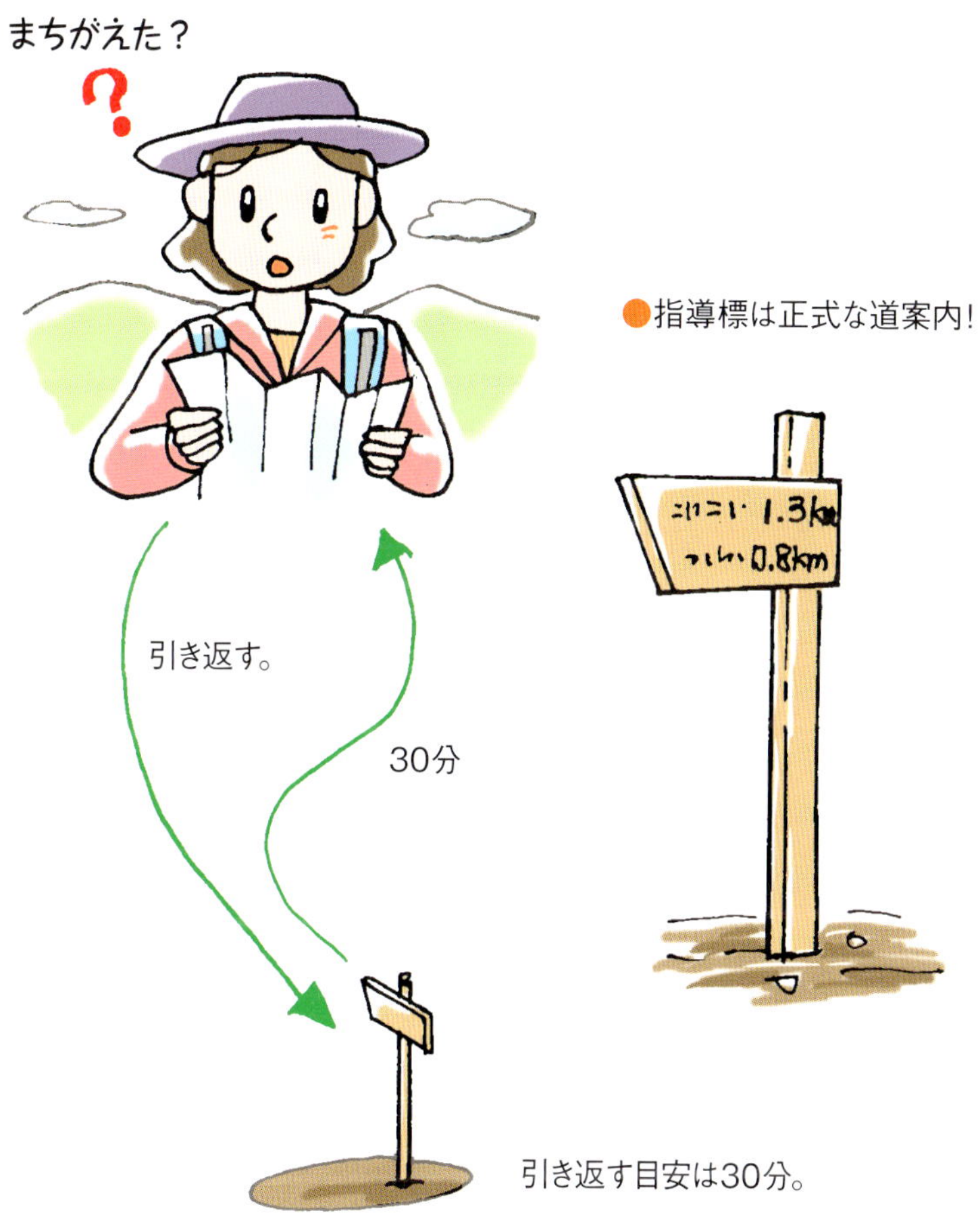
まちがえた？
指導標は正式な道案内!
引き返す。
30分
引き返す目安は30分。

道をまちがえたときは引き返す

初心者は、指導標のない小さな分かれ道で決断を迷います。特に「人の道か、ケモノ道か」どうかを見分けるのは困難です。人間の道でも人が通らなければ、春から夏の季節は、わずか1～2週間で両側から枝や草木が張り出してきて通路が細くなります。地面も草で覆われます。進んでいて「どうも怪しい…」と感じたら、元の場所へ引き返すのが原則です。自信と確証のない道が正しかったということもあります。しかしそれは結果論です。判断が誤っていた可能性もあったわけです。

野山の30分という時間は重要です。体力の消耗と天候の変化に関係があるからです。そこから引き返すことを計算に入れると往復で60分です。

自信のない行動は、精神的な負担になり、潜在的な不安感は思う以上に体力を消耗させてしまいます。

野山のハイキングで楽しむ道草

●歓談の時間も
行程計画に入れておく。

歩いているばかりではつまらない

野山に出かけると仲間たちと歓談しながら、ときには立ち止まって植物談義や山談義をしたり、湯を沸かしてお茶やコーヒーなど入れたりして休憩し、楽しみながら歩き回ることでしょう。そういう時間も行程の計画にリーダーは読み込んでおく必要があります。

50歳代の野山ハイキングは、もともと歯をくいしばって歩き回る〝行軍〟ではありませんから、少し余裕めにいろいろな時間をとっておいたほうがよいでしょう。

あえて「道草」を食いながら、わいわいと楽しみながら歩いたほうがストレスの発散になり、どれほど健康にもよいことでしょう。

●コーヒーブレイクは、ハイキング中に一服入れる楽しいひととき。

小腹《こばら》がすいていたら軽くエネルギーの補給

朝早くから歩き始めると、昼までの間には一度大きく時間をとって休憩したいものです。日常生活でいうところの「コーヒーブレイク」という休息時間です。

昼までに一気に…、などとがんばる必要がないときには、コースから外れないところにザックを降ろしてみんなで座れる場所を確保し、湯を沸かしてコーヒーでも入れて休みましょう。早い時間に朝食をとっていてちょっと小腹がすいていたら、チーズやビスケットをひと口食べるとエネルギーの補給ができます。

昼食までにもうひとがんばり、というときに便利なのがゼリー飲料や携帯のバランス栄養食品です。短時間に摂取できて消化も良いので、いざというときのためにも用意しておくとよいでしょう。

野山ハイキングの昼ごはん

にぎり飯は基本だが、もうひと工夫

朝早く目的地の駅まで向かい、下車して駅前のコンビニで昼ごはんのにぎり飯を買って集合場所に…、というのが日帰りハイキングの〝昼ごはん調達方法〟かもしれません。

にぎり飯を前日作り置きしておくより、当日朝に調達したほうが〝いたむ〟という点では安心できます。ただ、にぎり飯のほかにもう少しメニューを増やすことも考えましょう。汗をかいて失われた水分と塩分を補給する意味でも、味噌汁やスープを加えてもよいかもしれません。粉末やフリーズドライの製品が軽くて良いでしょう。もう一品おかずを増やすとしたらサンマなどの缶詰があるといいですね。

山小屋（山荘）に泊まる

寝具・食事つきの山小屋

山小屋は、都会のホテルや旅館とは違い、豪華なサービスを提供する場所ではありません。しかし、基本的な利用法やマナーを知っていればたいへん便利な山のステーションなのです。ひと口に「山小屋」といっても、さまざまな小屋があります。ここでは、宿を管理する人がいて、食事や寝具を提供してくれる場合の山小屋についてお話しします。

まず原則として、ほとんどの山小屋は予約なしでも宿泊が可能です。それは山小屋の本来の目的が、天候の急変、夜露をしのぐ、緊急事態などから命を守ることにあるからです。ですから飛び込みの客を拒否することはないのが原則です。

しかし、常識的に考えれば、連れ立っていくメンバーの人数分をちゃんと予約して泊まるのが原則です。山小屋を探しだして選ぶときは、そこが

- 1年を通じて開いている通年営業
- 春、夏のような季節営業
- シーズン最盛期、あるいは週末だけの営業
- 予約が入ったときだけ営業

どれに当たるのかを確認しておく必要があります。

また、改装や休業、廃業などで利用できないことがあります。必ず、事前に自分で情報を確認しましょう。

初めから寝具や食事の付いた山小屋に泊まることを決めたならば、持っていく荷物もコンパクトにできますから、その分、行動半径を広げることができます。

無人の山小屋に泊まる

- どんなに混んでも来た人は拒まず。
- ツメツメで寝るのは当たり前。
- 酔っぱらい厳禁！
- ほとんどの人は早朝出発です。（夜はすぐに就寝）

無人の山小屋は「相部屋」形式が基本。

寝る場所を譲り合うルール

無人の山小屋は必要最小限の設備を持つ宿泊施設です。浴室はなく、寝るときは他の宿泊者といっしょに寝る「相部屋」形式が基本です。部屋は畳敷き、板張り、二段ベットなどがあり、寝具は個人で用意するシュラフ（寝袋）を使います。食事も自分で作ります。

シーズン中は「畳1畳の広さに2人」が寝るというのがスペースの目安です。天候が悪化して飛び入りの客が増えると1畳に3人ほどになることもあり、タタキまでぎっしり寝る場所になることもあります。

早寝早起きがルールですから、仲間同士で深夜まで飲食したり、おしゃべりすることは慎みましょう。

PART 4

ハイキングの楽しみ方いろいろ

ハイキングで四季を楽しむ

●野生種の桜

オオヤマザクラ
北海道から本州・四国まで分布する。主に落葉樹林の中に自生する。

マメザクラ
関東周辺の里山、富士山周辺でよく見られる。富士桜とも呼ばれる。

エドヒガン
本州・四国・九州に広く分布。樹高が30 mを超える巨樹に成長する。

春の桜、新緑の森を歩く

春の代名詞はなんといっても「桜」です。桜前線は沖縄、九州と北上してきます。街での花見の主役は「ソメイヨシノ」で、江戸時代後期にエドヒガンとオオシマザクラをかけ合わせて作られた品種ですが、野山には観賞用ではなく野生種で自生している桜があります。

野山で見る桜は都会の喧騒《けんそう》の中で見る桜とは違った趣《おもむき》があり、ハイキングで花見を楽しむなど最高です。

また桜の後を追いかけるように野山の木々が芽吹き、鮮やかな黄緑色の新緑の季節となります。新緑は日本では3月から6月にかけての季節で、空気が濃く感じられ、紅葉とは違った爽やかさがあります。

紅葉の森や林を歩く

紅葉の代表は、「イチョウ」の黄葉と「もみじ（カエデ）」の紅葉でしょう。都会でも紅葉は楽しめますが、一帯が深紅、淡い紅、黄色、常緑に覆いつくされ、息を飲むようなスペクタクルが味わえるのは自然の野山です。何気なく見ていた夏のカラマツ並木の林が、一気に色づいて紅葉を迎えているのを見てはっとすることもあります。

そして紅葉の後は落ち葉をさくさくと踏みしめながら、湿度の少なくなったからりとした秋景色の中、ハイキングを楽しみましょう。

●代表的な紅葉樹と変化色

イロハモミジ	深　紅	東北南部から四国、九州まで分布。
オオモミジ	深　紅	北海道、本州・四国・九州に分布。
ハウチワカエデ	深　紅	北海道、本州の中国地方まで分布。
メクスリノキ	深　紅	宮城県以南の本州、四国、九州に分布。
ナナカマド	深　紅	北海道、本州に分布。
カジカエデ	淡い紅	本州、九州に分布。
コミネカエデ	淡い紅	本州、九州に分布
ホソエカエデ	淡い紅	本州、四国に分布。
ミネカエデ	淡い紅	北海道、本州に分布。
ミズナラ	黄　色	北海道、本州に分布。
テツカエデ	黄　色	本州、九州に分布。
ウリカエデ	黄　色	本州、九州に分布。
ブナ	黄　色	北海道、本州・四国・九州に分布。

ハイキングで見よう、野山の樹木

ナナカマド
バラ科の落葉高木。高さ7～10m。やや涼しい山地に生え、日本全土に分布。紅葉と赤く熟した果実が美しい。

クロモジ
クスノキ科の落葉低木。高さ5m程度。本州・四国・九州の山地に分布。北海道、東北から北陸地方には、葉が大きい変種のオオバクロモジが分布。

樹木の自然観察は楽しい

日本は国土の約70パーセントにあたる2千5百万ヘクタールが森林です。国土に対する森林面積という点で、日本は世界的にみても有数の森林国といえます。たしかに郊外に出ると豊かな森や山がすぐそこまで広がり、素晴らしい里山が私たちの近くにあるのだということを実感させてくれます。

ハイキングで目にする樹木は、街で見なれた街路樹、たとえばイチョウ、ハナミズキなどとはまったく違う、自然の中の野生の木です。ミズナラ、ブナ、トチ、クリ、シイノキ、カラマツなど、木の特徴を覚えておくと、樹木を見ながら歩くハイキングがもっと楽しくなるでしょう。

●シイ
ブナ科の常緑高木。
高さ約25m、直径
1.5mに達する。
福島県以西の暖帯
に広く分布。

●ブナ
ブナ科の落葉高木。
高さ20m以上、直径
1.5mに達する。北海
道南部から鹿児島県
まで分布。

●カシ
一般にブナ科の常緑
性の種の総称。高さ
15～25m程度。宮
城県以南の暖帯に主
に分布。楕円形の堅
果は「どんぐり」とい
われる。

●シラカンバ
(シラカバ)
カバノキ科の落葉
高木。高さ約25m。
若い木の樹肌は赤褐色だ
が成木は真っ白になる。
中部地方以北の高原から
北海道に分布。

●ミズナラ
ブナ科の落葉高木。
高さ約25m、直径
1.5mに達する。
北海道から鹿児島県
まで広く分布。

●カラマツ
マツ科の落葉針葉高木。大きい
ものは高さ50m、直径2.5mに達
する。天然分布は宮城県以西の
関東・中部地方の亜高山帯。

●シラビソ
マツ科の常緑高木。大きい
ものは高さ35m、直径1m
に達する。福島県から奈良
県の亜高山帯に群生。

●ヒノキ
ヒノキ科の常緑高木。
高さ約50m、直径2.5m
にも達する。福島県以西
から九州の山地に分布。

山菜を見つける

ルールとマナーを守ろう

山菜採りはルールとマナーを守って

野山に春が訪れると山菜が芽吹き始め、その山菜を採るために人々が野山に繰り出します。

特に注意したいのは国立公園、国定公園などの保護区で、植物採集は禁止です。もちろん山菜も例外ではありません。また、里山では山菜を大切な収入源にしている農家も数多くあることを知っておきましょう。

ワラビ、ゼンマイ、フキなどは群生しているので、見つけるとつい興奮して、全部採り尽くしてしまう人がいますが、次の芽が出やすいように残すことがルールです。

また、河川の土手などに食用のノビルやヨモギが自生していますが、山菜と区別され野草とよばれます。

●ワラビ

●ウド

●イタドリ

●フキ

●ゼンマイ

●タラノメ

●フキノトウ
球状の形で、
フキの花茎。

●ミツバ
林の半日陰
に自生。

●コシアブラ
山地に広く分
布。若芽を食
用にする。

●サンショウ
山地に広く分布。
若芽を食用にする。

●どこでも採れる山菜＜人気のある山菜＞

タラノメ	林道の陽当たりのよいところに多く見かける。枝先についた「一番芽」だけを摘む。2番芽、3番芽を摘んでしまうと枯れてしまう。
ゼンマイ	沢のような湿ったところに群生する。2～3日日干しして、重曹などでアク抜きをする。 農家の収入源なので、採り尽くさない。
フキ	早春につける花のつぼみは「フキノトウ」。 地下茎（根っこ）から抜き取らない。
イタドリ	若芽を摘む。酢の物、和え物にする。シュウ酸を多く含むので、多量に食べると尿路結石などの原因となる。
ワラビ	陽当たりのよい場所を好む。若茎を摘む。 木炭をまぶし、しばらくしてから熱湯を注ぎ、重石をして一晩おく。水洗いする。
ウド	野生のものを「ヤマウド」とも呼ぶ。4～6月が旬。土を掘り根株の根元から取るが、地上部20cm ほどまでも美味。

山菜のおいしい食べ方

●ゼンマイ・ワラビのアク抜き

熱湯のなべに小さじ1杯の重曹を入れて火を止める。

ゼンマイ・ワラビを入れて、2〜3時間

水にさらしてできあがり。

アク抜きをしてから食べる

山菜料理の最大のポイントは「アク抜き」です。うっかりアク抜きを忘れると、独特の苦み、渋み、えぐみが出て料理の美味しさを損なってしまいます。ただ、中にはアク抜きをしなくても美味しく食べられるものもあります。「タンポポ」、「セリ」、「ミツバ」などがそれです。

では、アク抜きの手順です。「フキ」は塩をふり、まな板の上でなじませます（板ずり）。つぎに熱湯でゆでた後、冷水に浸します。

「ワラビ」、「ゼンマイ」は熱湯に小さじ1杯程度の重曹を入れて火を止めます。そこにワラビ、ゼンマイを入れて数時間放置した後、水にさらすと食べられる状態になります。重曹はスーパーや薬局にあります。

「タケノコ」も重曹か米のとぎ汁でゆでます。そのままさまし、水洗いをして皮をむきます。

「ウド」は皮をむき、10％の酢水を作りそれに10分間浸します。

食べ方のアラカルト

小さなフライパンと揚げ油、薄力粉、片栗粉、卵などを持っていけば、野山のハイキングで採ったばかりの山菜を「天ぷら」にして食べることもできます。
そのほかのおいしい食べ方として、タンポポはアク抜きがいらないので「サラダ」に使えるほか、ゆでれば「おひたし」や「ごま和え」にもできます。また、セリとミツバは「おひたし」にするとよいでしょう。

春の七草がりをしよう

春の七草とは、

「①セリ　②ホトケノザ　③ナズナ　④スズナ　⑤ゴギョウ（オギョウ）⑥スズシロ　⑦ハコベラ」です。

正月七日には、七草がゆを炊《た》いて無病息災を祈る風習が今でも全国各地に残っています。厳しい冬に耐えて初春の大地に芽吹く七草の生命力にあやかったものでしょう。

七草のうちで、スズナとスズシロは、それぞれ「カブ」と「ダイコン」のことです。残りの五草は「雑草」ということになっています。これらは確かにアクが強い草です。ナズナ、ゴギョウ、ホトケノザ、ハコベラは、若葉を「天ぷら」にします。

アクの強い山菜でも、「天ぷら」にするときは、アク抜きの必要はありません。

キノコ狩りを楽しむハイキング

あっ、キノコ発見！
毒キノコ？
それとも
食べられる？
食べられる？？
自己判断はダメ！

キノコ狩りのルール

歳をとるにしたがい、キノコのおいしさがわかるようになってくるものです。秋が深まったころに味覚を求めて仲間とハイキングに行ったりすると、キノコ談義に花が咲き、キノコ狩りをしてみたくなることでしょう。

きのこ狩りをして野山ですぐに味わいたいという気持ちはわかりますが、本当に食べられるかどうかは専門家でも判別に迷うことがります。

1人でもキノコについて精通している人がいればよいのですが、あいまいな知識で食べられるキノコを判断すると、場合によっては中毒を起こして大事になりますから注意が必要です。かならず専門知識を持った人が同行するときに楽しみましょう。

● ナメコ

マツタケ科のキノコ。主にブナの倒木やシラカバの林に 10 〜 11 月ごろ生える。

● ナラタケ

雑木林に生えている「ツチアケビ」など、ラン科の植物の周囲を探すと見つかる。

● マイタケ

ミズナラやクリなど、大木の根元に生える。香りがよく味もよい。

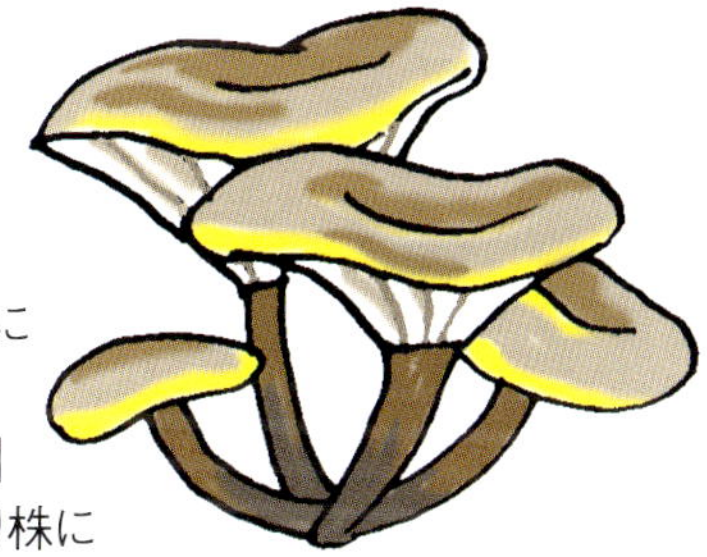

● エノキタケ

11 月ごろから春にかけて「エノキ」「イチジク」「カキ」などの倒木や切り株に密生する。味がよく、店では「ナメコ」として売られていることが多い。

マムシに注意!!

強力な毒をもつマムシは茶褐色で落ち葉と同じような色をしています。落ち葉を探るときは、まず棒や木の枝などを使う習慣をつけておきましょう。

● ホンシメジ

“においマツタケ”“味シメジ”といわれるほど親しまれているキノコ。

食べられる木の実

●ハマナス
バラ科の落葉低木。7月〜8月になると紅色に熟する。北海道から島根県(日本海側)、茨城県(太平洋側)に分布。

●ナツグミ
グミ科の落葉小高木。5〜6月にサクランボのような赤色に熟する。関東地方から静岡県まで分布。

●ビワ
バラ科の常緑中高木。初夏に黄色に熟する。里山でイヌビワを見つけたら食べてみよう。

よく見れば食べられるものも多い

野山をハイキングしていると、周囲の木々に実がついているのをよく見かけます。子供のころならばいざ知らず、大人になってからよく知らないものを口に入れるというのは、この歳になってはそうそうできるものではありませんね。それに、まったく知らない木の実などを口にするのは危険といえば危険です。

でもちょっと思い出してみましょう。子供のころを…。果物屋には売っていなかったような木の実を食べたことはなかったですか? 〝かすかな甘み〟、〝かすかな苦み〟、〝青臭さ〟などを味わってみるのもいい思い出になるのではないでしょうか。

●ヤマブドウ
ブドウ科の落葉性つる植物。9～10月。黒紫色の野生ブドウ。北海道、本州、四国に分布。

●アケビ
アケビ科のつる植物。9～10月に熟して、淡い甘味がある。日本全土に分布。

●ムベ
アケビ科の常緑つる植物。10月に果実は紅紫色に熟する。関東地方以西に分布。

●キイチゴ
バラ科キイチゴ属の低木。種類が多い。

●クサイチゴ
バラ科の半常緑低木。低山地や丘陵の向陽地に生育。

●代表的野生イチゴ

キイチゴ	6～7月	黄色	モミジイチゴ。中部地方以北の本州に分布。
シロバナノヘビイチゴ	6～7月	赤色	赤色　宮城県から中部地方に分布。
ヘビイチゴ	5～7月	赤色	日本全土に分布。
エゾイチゴ	8～9月	赤色	本州中部以北に分布。
クサイチゴ	7～8月	赤色	岩手県以南の本州、四国、九州に分布。

野鳥観察、鳥の居場所を探そう

里山・草原

ヒバリ
全長約17㎝。田畑や草原など広く分布。ピーチクピーチクなどよい声でさえずる。

ホオジロ
全長13～23㎝。里山や平野の比較的明るい林に生息する。

カッコウ
全長約35㎝。5月中旬から7月中旬にかけて、「カッコウ」という鳴き声が聞こえる。

耳をすまし、しっかりと森を見る

野鳥観察（バードウォッチング）というと、野鳥の知識が豊富な人でなければ…というイメージがありますが、そんなことはありません。だれでも参加することができます。

まず準備するものは双眼鏡です。野鳥観察は興味の程度によって、用意する物が違います。鳥の種類にはあまり興味がなく自然の一部としてとらえたい人は、野鳥たちと一定の距離を保ち、鳥たちを驚かさないように注意して観察します。

鳥を観察するための双眼鏡の倍率は、森や森林ならば8～10倍が目安で、湖沼や干潟では8～12倍程度のものがよいでしょう。

樹木の低山

●ヤマガラ
全長約14㎝。常緑広葉樹のシイやカシの林によくいる

●コゲラ
全長約15㎝。日本全国の森林に生息。

●ウグイス
全長は雄が約16㎝、雌が約13㎝。「ホーホケキョー」の鳴き声は有名。

山奥・渓谷

●ヤマセミ
全長約38㎝。日本では九州以北に留鳥《りゅうちょう》（同じ場所で生息、季節が変わっても移動しない）として分布。

●カワガラス
全長14～22㎝。渓流に生息している。

高山

●イワヒバリ
全長約18㎝。主に本州中部の高山の岩場に生息。

●ライチョウ
全長は雄が約86㎝、雌が約60㎝。特別天然記念物。本州中部地方の2400m以上の高山に分布。季節によって羽根色が変わる。

野山のハイキングで見られる滝

●滝の近くには、ミスト（細かい水滴）が充満している。浴びるととても爽やかになり、リフレッシュされる。

滝はハイキング途中のオアシス

野山へ繰り出すようになりその回数が増えてくると、ただ歩いて楽しむだけではだんだんもの足りなくなってくるかもしれません。何かはっきりとした「目的」をめざして歩きたくなるものです。

その一つの目的として「滝」を見に行く、というのを計画段階でコースに入れることをお勧めします。

歩き続けてだいぶ身体も疲れてきたところに現れる滝には、きっと感激することでしょう。まさにオアシスです。

滝のミスト（細かい水滴）を浴びればリフレッシュされて、そこから先のハイキングももっと楽しくなることでしょう。

滝のかたちいろいろ

●段瀑（だんばく）

段々を経るようにして水を落としていく。大小の滝が連続してあり、瀑と呼ばれる滝には直瀑に次いで多い。代表的な段瀑は、称名滝《しょうみょうだき》（富山県）・袋田の滝《ふくろだのたき》（茨城県）

●直瀑（ちょくばく）

一気に落ちる潔《いさぎ》よさで、男性的な滝といえる。日本で名瀑と呼ばれる滝は、この滝が多い。代表的な直瀑は、那智の滝《なちのたき》（和歌山県）・華厳の滝《けごんのたき》（栃木県）。

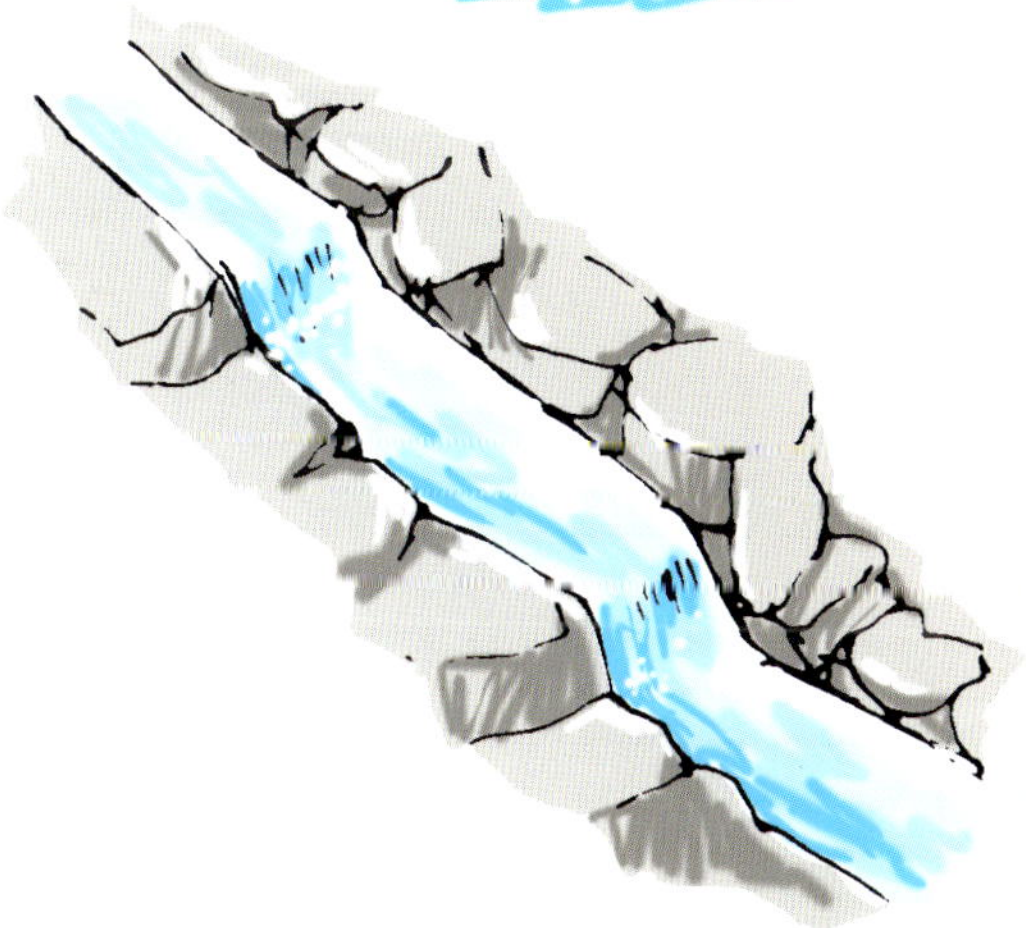

●渓流瀑（けいりゅうばく）

小さな落差を渓流のように流れ落ちる。新緑や紅葉時には、滝の白さと周りの鮮やかな色との対比が美しい。代表的な渓流瀑は、龍頭の滝《りゅうずのたき》（栃木県）・雪輪の滝《ゆきわのたき》（愛媛県）

●分岐瀑（ぶんきばく）

水が岩肌を分岐しながら落水する。女性的な優しさと豪華さを合わせもっている。代表的な分岐瀑は、安の滝《やすのたき》（秋田県）・オシンコシン滝（北海道）

野生動物のフィールドサイン〈痕跡〉を探す

●フンをヒントにどんな動物かを推理する。
野山に慣れた人は、フンを見て動物の種類がわかる。

キツネかな？
カモシカかな？
ウサギかな？
このフンは…？

※この形はタヌキのフンです。

足跡やフンで動物を推定する

野山を観察すると、地面や雪の上にさまざまな野生動物たちの痕跡が残っています。足跡、フン、穴、鳥の羽、木の幹のキズなどに気づきます。これらの痕跡のことを「フィールドサイン」といいます。

フィールドサインを読み取ると、いろいろなことがわかります。足跡の形は並び方によって、どのような動物か推定できます。

たとえば、「ノウサギ」の足跡は後ろ脚が細長く、前脚は丸い形をしています。北海道から九州まで生息している「シカ」は、左右対称のひづめの跡を残します。

ただ、動物たちの生息地に入ったときは、十分な注意が必要です。

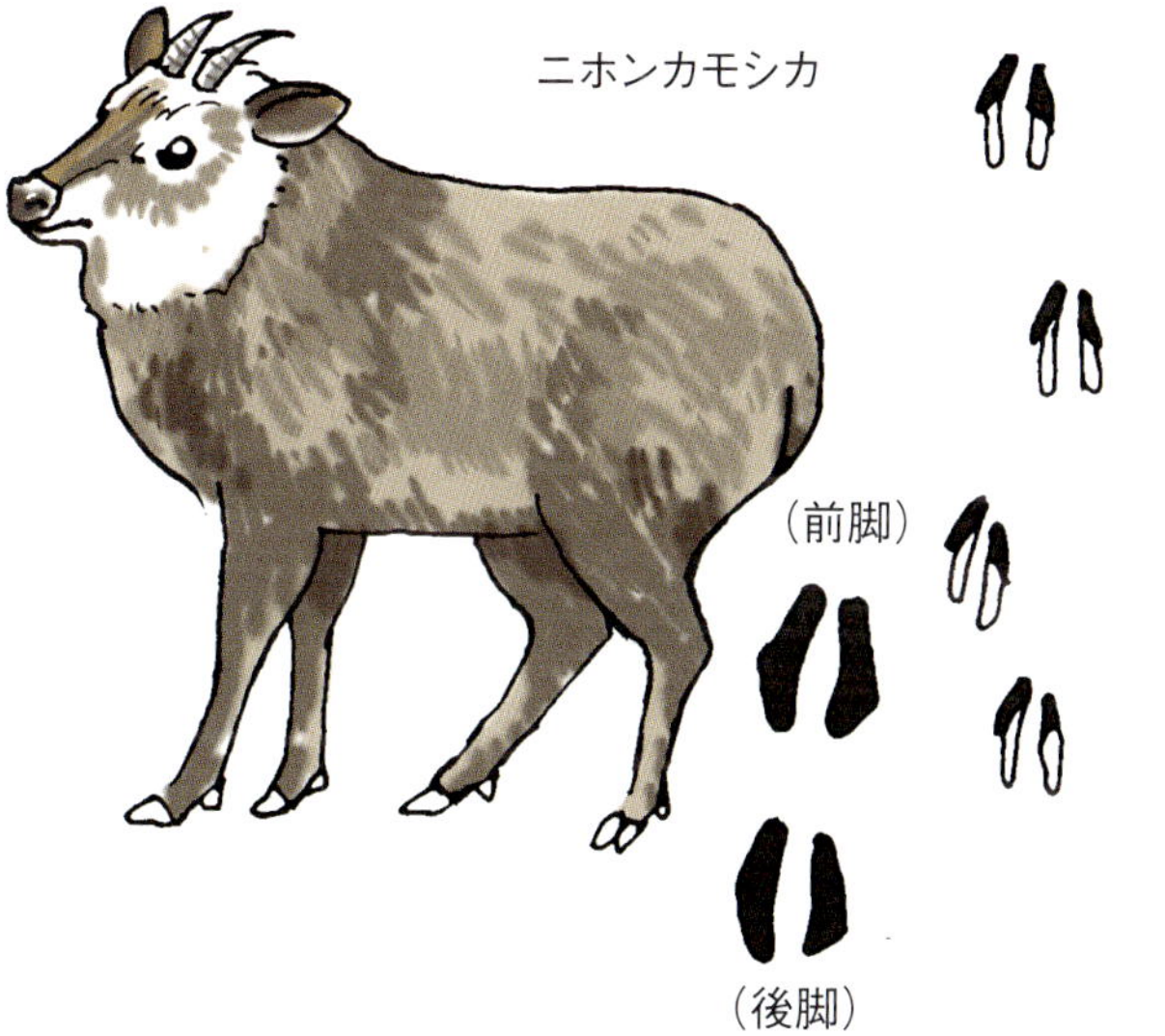
ニホンカモシカ
（前脚）
（後脚）

タヌキ
（前脚）
（後脚）

キツネ
（前脚）
（後脚）

（前脚）
（後脚）
ウサギ

イノシシ
前脚・後脚とも形・
大きさはほぼ同じ
←副蹄

クマ

「とぎ跡」は」危険のサイン！

木の幹に残された「とぎ跡」によっては、「イノシシ」や「クマ」が残した跡の場合がある。近くに潜んでいることがあるので注意しよう。

野山ハイキングのあとは温泉宿などで楽しむ

ハイキングと温泉の旅を組み合わせる

日本はだいたいどこへ行っても温泉がありますね。特にハイキングに出かける場所が火山の近くだったり、そのすそ野に続く野山であったりすれば、名湯が近くにある確率が俄然高くなります。

野山のハイキングを楽しんでいる人に聞いてみると、その中でも多くの人が野山を歩く以外にも、「食」と「温泉」に興味や関心を持っていることがわかりました。

目的地付近に温泉があれば、ぜひ行程や日程に加えて計画を立てましょう。温泉泊のハイキングでなくても、もらい湯（日帰り温泉）を探して一息入れるのも楽しいものです。

露天風呂でくつろぐ

気のおけないハイキング仲間たちと、湯に浸かって山の話に花を咲かせるのもなかなかよいものです。

今回は
楽しいハイキング
だったわ。

山菜もいいね。

地元料理に舌鼓！

たくさん歩けばお腹も減ります。ハイキング先の地元の宿に泊まれば、また来るときの情報を聞くことができるかもしれません。

●前倒しで
このコースにしても…

天候などの要因で計画の変更も

荒天などによるコース変更の予定も考えておく

野山のハイキング計画がだいたいできてきたところで、幹事役となる人はその計画を日程と行程表として作りますが、コース全体の概要や注意点、山の特徴などのコメントも入れておくとよいでしょう。

また、幹事は、常に天気の状態をチェックしておきます。荒天が予想されるときは行程やコースを入れ替えたりして、臨機応変に予定を組み直していくことも大事な役目です。

また、コース変更時には山小屋などに事前に連絡を入れ、固まった変更計画をすみやかに伝えて利用が可能かどうかの調査をすることも大切です。

PART 5

ハイキングで起こる さまざまな事に備える

ハイキングで道に迷った場合

どっちだろう
迷ったと思ったら、
今来た道を引き返す
大きな山道
指導標なし
指導標なし

警視庁の統計（平成22年における山岳遭難の状況）によると、年間の遭難者は2396人で、うち死者・行方不明者は294人に達しています（ハイキングのみの統計を見ても、遭難者数は7.8％、188人です）。そして、全遭難者数の約76％が40歳以上の中高年者です。

また、態様別山岳遭難者（中高年）の割合をみると、「道迷い」が40.5％、「滑落」が16.8％、「転倒」が12.9％、「病気」が6.5％などとなっています。

以上の数は正式な救助活動が行われたものです。大事にいたらなかったものは、この数倍におよぶのではないかと推定されています。

鉄則① 今、来た道を戻る

道で迷ってしまう最大の原因が「分岐点」です。ヤブや雑木林と違って、道そのものがなくなってしまうわけではありません。分岐点から選んだ道がどうもおかしいと感じたら、分岐点まで引き返します。分岐点に戻っても、指導標や案内板がないときはさらに後もどりします。これは、どの分岐点から迷い始めたかその時点では判断できないからです。

自然を歩き回る楽しみは安全という前提があって初めて成立します。道の選択は〝一か八かの幸運を賭ける〟ようなものではありません。

分岐点で当然するべき確認を怠ったことが原因で迷うという実態も数多くあります。

道に迷う原因

- 道の分岐点の指導標を確認しなかった。
- 道の分岐点で指導標を見誤った。
- 道の分岐点で案内板がなく、勘《かん》で道を選んだ。
- 引き返すとき、“近道と思われる小道”へ入った。
- 最後に通過した分岐点にもどったが、そこで再び別の道を選んだ。

同行者が体調不調を訴えたときは、その場にとどまり体力の消耗をおさえる。

鉄則② その場にとどまる

「その場にとどまる」理由は、「体力の無駄な消耗をおさえる」ことです。道に迷って引き返しているうちにさらに迷って、〝確証がないままに歩き続ける〟というのは、精神的、体力的に消耗して危険です。

特に、つぎのような状況、兆候が現れたときは、その場にとどまることを決断すべきです。

〈とどまることを決断するとき〉

- 体力の消耗を感じるとき。
- 同行者が体調不調を訴えるとき。
- 霧が深くなったとき。
- 夕闇が迫ってきたとき。

とどまることを決断したら、まず雨や風から身を守ることができそうな場所を探し、夜を明かす居場所の確保をします。

次に携帯電話を確認し、新聞などがあれば防寒用に準備、水と食料の確保と焚き火の準備をします。

山では、尾根に
登山道がある。

●麓方向へ下るほど「道」が
見つかる可能性が低くなる。

絶壁の直前まで、斜面は深い
ヤブや草木で覆われている。

●斜面が続いていると思いこんで下っていった結果、突然絶壁が現れてどうしょうもなくなる。一歩踏み出したとたん絶壁を落下するといった事故にあう危険性が高い。

●鉄則③ 沢（谷）の方には下らない

道に迷ってしまい焦ってくると、野山を歩く人のほとんどの人の心理としてどうしても下の方へ下ろうとします。平地から登ってきたのだから下へ帰ろうとする論理は当たっているのですが、野山の常識としては正反対で、違うのです。

山の形を単純化して想像すると、三角形の頂点に頂上があり、そこから谷へ向けて斜面がずっと続いているように思いがちです。一般的に、山の斜面がそのままなだらかに続いて、沢があるということはほとんどありません。沢の近くまで下ると、斜面が突然とぎれて、急な絶壁があり、その下が川になっていたりすることのほうがふつうです。

道を探すときは、上に登って屋根筋に近づくほど発見できる確立が高くなるのです。

迷ってしまった仲間（同行者）を探す

行方が分からなくなった人を探すとき最も重要な点は、新たな行方不明者を出さないことです。行方不明者が見つかったのに、今度は探しに行った人が帰ってこないということがよくあります。

さあ、手分けして探そう！

街中でも起こることですが、携帯電話が通じるところではすぐに連絡がつきます。しかし、野山ではたとえ電話が通じても、方向や道がすぐに分かるとはかぎりません。人を探すときの基本を同行者の間でしっかりと決めておくことです。

グループで野山に行った場合、人を探すとき「手分けして探す」ことになりますが、そのポイントは

- 一人一人が別れてバラバラに探しに行かない
- 手分けする場合2名以上の組にする
- 各組には携帯電話、時計、笛などがあることを確認する

携帯電話が電波圏外であれば仕方ありませんが、野山では電波の反射によって圏外でも通じることがあります。また、ホイッスル（笛）はハイキングの必須アイテムです。

実際に探し始めるとき、全員で「探す時間」、「集合場所」を必ず確認し合っておきます。

捜索を始めるにあたっては

- 時間→発見できなくても15分以内に必ず戻る
- 集合場所→開始前に全員集合し、場所の特徴（地形など）を確認する

迷子になった人が自分のいる場所を知らせる最も簡単な方法は「大声を出す」「物を叩いて音を立てる」「笛を吹く」の3つです。

●捜索者は、手分けをして探す。

●遭難者は、声・音・笛などで、居場所を知らせる。

ビバーク（野宿）するときには

暗くならないうちに、
早目に場所の確保！

●雨や風を防ぐことのできる木や岩壁などに身を寄せ、あるものは何で持も使い、低体温化を防ぐ。レスキューシートを使うと体温の低下を防げる。

決断を早くしたら、場所の確保

ビバークとは野宿することです。

もう前には進めないほどのアクシデントにみまわれて、その場でビバークしなければならない場合と、遭難しないようにあらかじめ大事をとってビバークする場合の2通りが考えられます。

しかし、どちらの場合も「それ以上のトラブルにさせない」ことと、「無事帰還」が目的ですから同じといえば同じです。

日没が迫っているような場合にはまだ明るいうちに、雨と風を避けてビバークできる場所を確保し、暗くなった場合の準備をします。季節に関係なく新聞紙やビニール袋などを利用した防寒対策が重要です。

不幸にして遭難してしまったら

●のろしを立てる。

●携帯電話で、麓と連絡がつくか調べる。

●空から見えるところへ立ち、目立つ色彩のものをかかげる。

救難を待つ方法

1人はぐれて遭難した場合と複数で遭難してしまった場合では、心理的にも大きく違いが出ますが、とにかくあわててパニックを起こさないようにすることです。日没直前であったりライトが必要な夜になった場合は前項（108ページ）のビバークで対処し、無用に動かないことです。携帯電話などで麓との連絡を試みたりしながら救援を待ちます。

夜が明けたら、「救難を待つ側として、居場所を知らせる方法と場所を探します。たとえば、空から捜索する救難ヘリコプターから見つけてもらいやすい場所を確保することと、目立つ色彩のウェアを着たり、カラーシート、鏡など反射物で知らせることを忘れないことです。

●雨、霧で視界不良のとき

この先のガケ崩れ、
土砂崩れの危険も
あるなあ…。
すごい
降りね。

●雨中の野山歩きは、季節によっては冷えて、低体温となり危険。
行程が長くて、天候の回復が遅いようなときは撤退も…。

リーダーの判断と全員の協力

あらかじめ天気予報を聞き当てこんで出かけても、天気ばかりはわかりません。思わぬところで雨が降り出してしまいがっかりしてしまうこともあります。しかし、野山のハイキングでは、雨ぐらいでがっかりしていてはいけません。快適なレインウェアをしっかり着て、「雨を楽しむ」ぐらいの気持ちで野山に出かけてください。

雨の中を歩く途上でも、リーダーは「もっと激しい雨になるとこの先は危険では…」ということを考えておかなければなりません。

そうなると

- ・体温の低下と体力の消耗
- ・土砂崩れの恐れ

霧が発生すると道に迷いやすくなり、思わぬ事故にも…。

指導標を確実にチェックしながら、前に進めるようであれば進む。

リングワンデリングは、同じところをぐるぐる回ってしまうという、さまよう現象。

の心配が出てくるからです。

雨の降り方が強くなってくると、だいたいの場合それに伴って風も出てきます。また、林の中や森では霧もあたりを包むように流れてくるでしょう。あっという間に視界を見失ってしまう危険も出てきます。

霧の中で恐いのは、同じ場所をぐるぐる円形にさまよい歩く「リングワンデリング」という現象で、方向を見失ってさまよっている程度でも山では事故につながる危険もあるので気をつけなければいけません。この現象は起伏の少ない場所で起こりがちだといわれています。

しかし、一日中霧に包まれているということはあまりありません。1～2時間くらい霧が晴れるのを待ってみて、指導標を確実にチェックしながら、前に進めるようであれば進みます。また、雨の降り方が弱まらず、霧も断続的にやってくるようならば、もと来た道を注意深く撤退することも必要です。

山の災害から身を守る

●がけ崩れや
土砂崩れに
注意!

●当日の天候が良くても、
直前に多量の雨があったときは、
気をつけること。

怖い! がけ崩れ、土砂崩れ

近年は都市部に近いところでも自然災害が多くなったといわれますが、自然の中では潜在的に災害の危険が多いことを知っておきましょう。

野山で起こる自然災害の中では「がけ崩れ」「土砂崩れ」「地すべり」「土石流」「なだれ」などに注意が必要です。

これらの自然災害が起こる原因は、集中豪雨や、梅雨、長雨などにより、山や崖の地中に多量の雨水がしみこんだ結果の災害といわれます。野山に出かけて次の予兆を感じたらまず気をつけることです。

当日の天候が良くても直前の雨で地盤が緩んでいることもあります。

●斜面に新しいひび割れがある。

●わき水が濁っている。

●「ゴー」という地鳴りが聞こえる。

●斜面から小石がカラカラ落ちてくる。

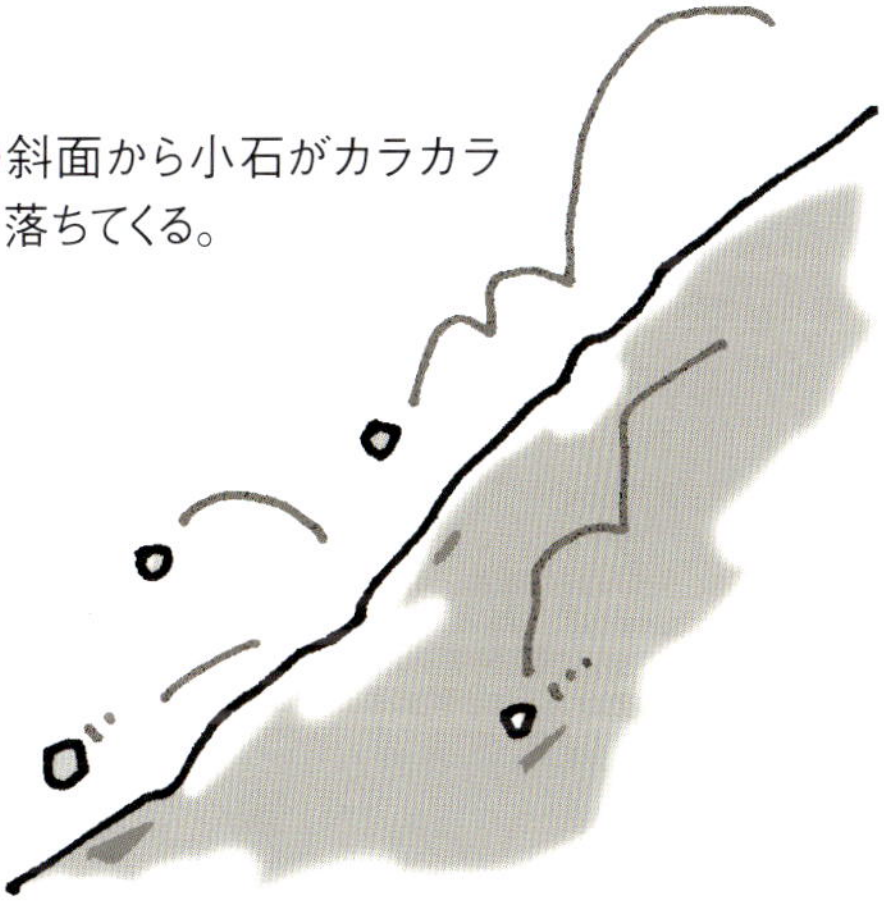

●都市ガスに似た臭いがする。

①かつてがけ崩れ、地滑りが発生した可能性がある場所の特徴。
- ・森林がとぎれて開けて見える。
- ・斜面に土塁の棚が設置されている。
- ・落石注意の標識が立てられている。
- ・地肌が目立つ。

②がけが崩れると、がけの高さの３倍の長さまで崩れた土砂が押し寄せるといわれている。

「かみなり」が近づいてきたときの対処法

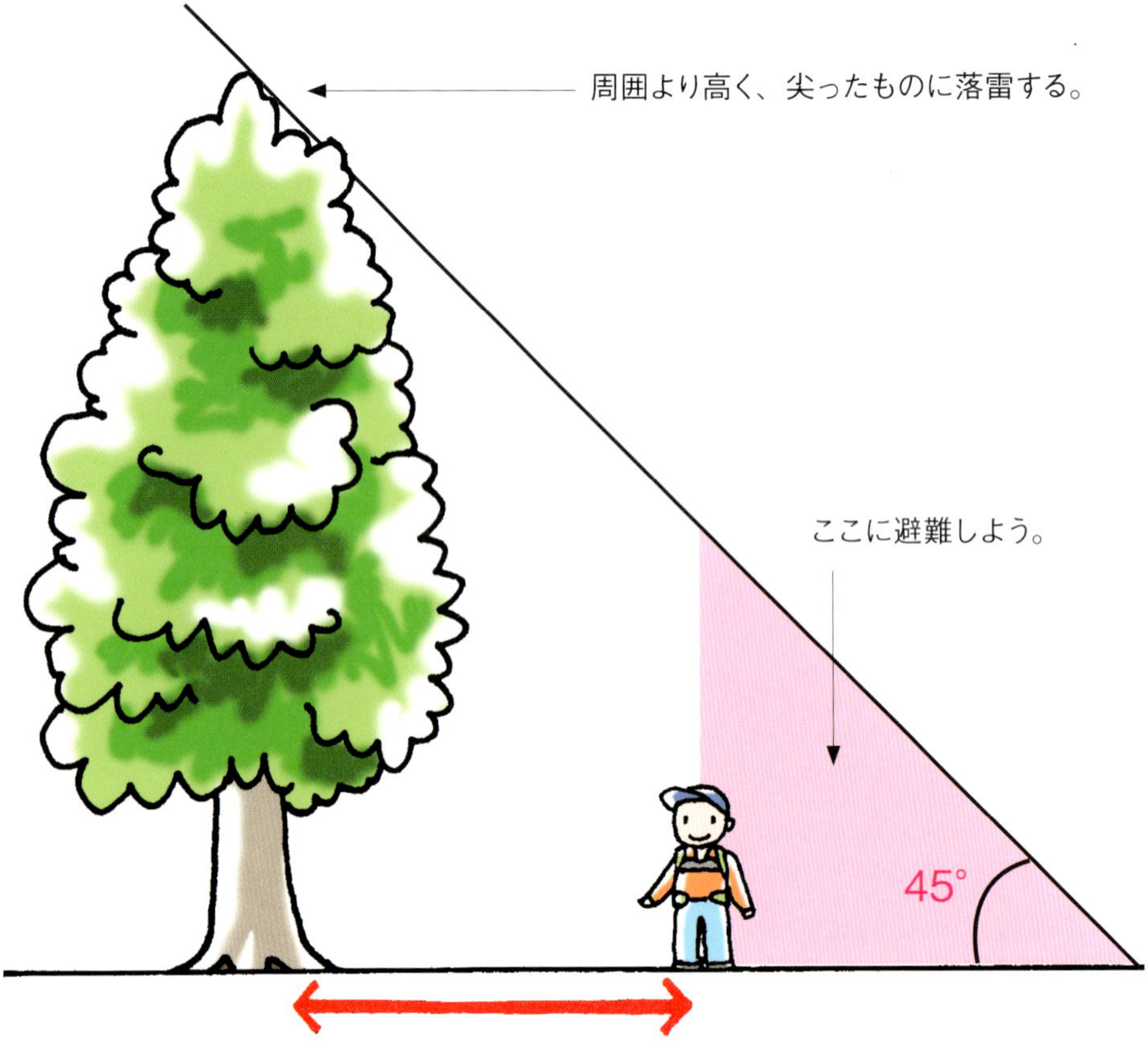
周囲より高く、尖ったものに落雷する。
ここに避難しよう。
45°
３～４m以上離れる。

かみなりの特徴をよく知る

野山で発生する「かみなり」は平地のかみなりとまったく違います。私たちが日常生活の中で経験する一般的な常識では〝かみなりは空から落ちてくる〟ものですが、野山、特に高度の高い場所では、かみなり雲と高低差がほとんどありません。ですから、横や下からかみなりが落ち（打たれ）ることもあります。

野山でかみなりが最も発生しやすいのは、夏の午後です。そのかみなりは突然発生するのではなく、遠くから「ゴロゴロ…」という雷鳴として聞こえ、「ピカッ」と稲妻が光ります。

かみなりが発生して近づいてきたときの兆しとして注意しておきたいのは次のとおりです。

・雷は西、または北西の方向から近づいてくる
・西、または北西の方向に雷光が見えたら要注意
・ラジオに「ガリッ、ガリッ」という雑音が入る

　このような状態になってきたら、早めに避難することを考えた方がよいでしょう。

避難するときの6か条

- 周囲の木より高い木や塔には落雷しやすい。
- 樹木の幹から３～４m以上離れる。
- 高い物の先端を 45 度に見上げる範囲内は安全である。（30m 以下のとき）
- 車の中は安全である。
- 家の軒先では、壁側は危険である。
- 尾根を歩いているときは、すぐに斜面や窪地などへ避難し姿勢を低くする。

　かみなりの正体は電流です。電流は、物の表面を多く流れます。ということは木の幹、建物の壁、柱、地表などは電流がよく流れます。そしてかみなりは低い方よりも「高い方へ落雷しやすい」という特徴があります。
　また、落雷した場所が少し離れていても、地表を伝って感電することがあります（誘導雷）。
　稲妻は一瞬でに届きますが、雷鳴は音なので遅れて耳に届きます。稲妻を見て、音までの秒数を数えると、かみなりが落ちた場所とあなたがいる場所とのおおよその距離が分かります。

音の速度…約340m／秒
（1気圧・気温15℃のとき）
340（m/秒）×3秒）＝1020m
落雷場所との距離：3秒間で約1km
「6秒＝約2km」

熱中症に備える

●塩分のとりすぎを気にする余り、必要以上に摂取を控えてしまうと熱中症におちいる。

●水分補給の際、真水ではなくスポーツドリンクを飲むことも有効。梅干し、塩アメも良い。

塩分は
適宜必要です!

適度な塩分をとることが大切

熱中症という言葉を最近よく耳にします。ひと昔前までは〝日射病〟でひとくくりにしてかたづけられていましたが、だれにも起こりうる危険な症状として、防ぐ手立てが広く知られるようになってきました。

ハイキングで長時間の行動をして発汗したときや、高温多湿が原因となって起こる症状で、多量の発汗に水分と塩分補給が追いつかず、脱水症状になったときに発生します。

症状は次の3段階がありますが、初期のうちに早めに対応することが大事です。顔色が真っ赤に紅潮したり、蒼白になってめまい、吐き気、意識が薄らぐなどの症状が出ている場合の処置方法としては、まず風通

Ⅰ度の進行
ドキドキドキドキ
ドキドキ
Ⅰ度
頭痛、
足のケイレンなど…。
脈拍が早くなり、
時に数秒失神…。
Ⅲ度
言動がおかしくなる。ショック症状、
多臓器不全、死亡する場合も…。
Ⅱ度

めまい、虚脱、吐き気など…。

しのよい場所に寝かせて、薄い食塩水やスポーツ飲料を飲ませます。症状が一時的に回復しても再発することがありますから、リーダーは救援を求めるなどの行動が必要です。

また、熱中症にならないためには、休憩時などにこまめに塩分の入ったスポーツ飲料を飲むことと、梅干しや塩あめなどをなめたりして塩分の補給をすることが大切です。

ケガをしたときの止血法

●動揺を押さえて、冷静に対処することが大切。

出血を見て止血をする

人の体の全血液量のおよそ20％を失うと出血性ショックを起こし、30％が失われると生命の危険に陥ります。一般成人の血液量は約5リットルといわれますから、1・5リットル程度の急激な出血があれば、とても危険だということになります。

傷部から真っ赤な血液が、心臓の鼓動と連動するように「ドクドク」出血するときは動脈性出血です。この場合、短時間で多量の血液が失われるためにショック死の恐れがありますから、大至急で止血をします。

仲間がケガをして出血しているのですから、誰もが動揺する場面ですが、ここでは落ち着いて冷静に対処することが大切です。

●間接圧迫止血法の止血点
（脈の感じる部分）

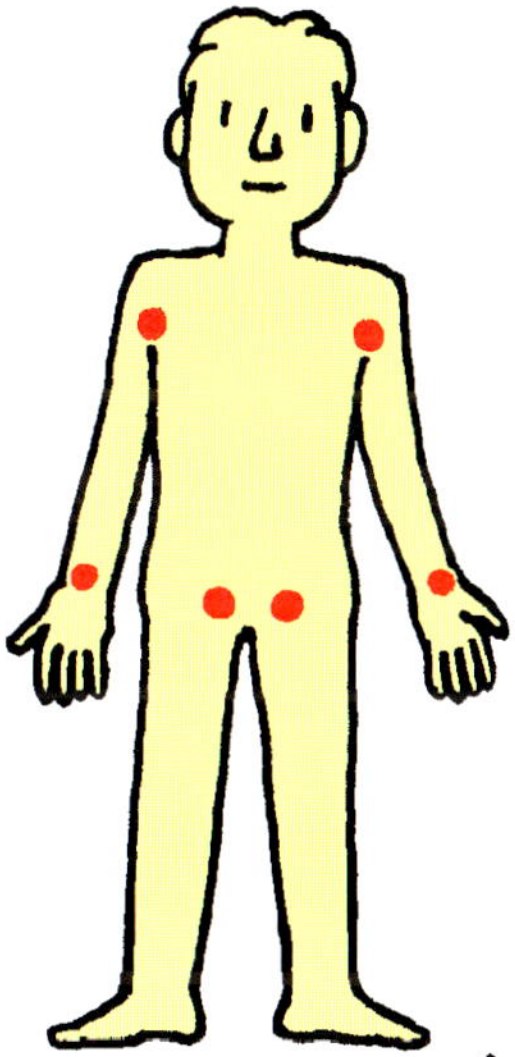

●直接圧迫止血法
心臓より高くあげ傷口にガーゼ等を当て、手で押さえて出血を止める。

●止血帯法
傷口より心臓寄りを棒を使って締め上げて止血する。ときどき緩めて血流を再開させ、傷口から出血が止まらなければ、再び棒で締め上げる。

止血法を選ぶ

止血法には3つあります。

・直接圧迫止血法《ちょくせつあっぱくしけつほう》→傷口を直接圧迫して止血する方法

・止血帯法《しけつたいほう》→手と足の出血で、圧迫法で止血できないときの止血法

・間接圧迫止血法《かんせつあっぱくしけつほう》→手と足の出血で、傷口より心臓に近い止血点を圧迫する方法

「直接圧迫止血法」は、出血している傷口にガーゼ、ハンカチ、またはタオルなどの布を当て、止血部位を直接手で押さえ（圧迫し）て出血を止めます。

「止血帯法」は手と足の太い血管からの出血の場合や、直接圧迫止血法では止血できないときに止血帯と棒を使って止血します。

「間接圧迫止血法」は手や足の出血の場合、傷口より心臓に近い止血点（脈を感じる部分）を指などで圧迫して止血する方法です。

ねんざ、打ち身、骨折などをしたとき

ハイキングで多いのは「ねんざ」

野山のハイキングで最も多いのが足首のねんざです。どのような状態かというと、足や手の関節が許容範囲を超えたひねりや伸びを受けて、外れてしまったのが「脱臼」、外れかけて元に戻ったのがねんざです。

軽傷の場合はどうにか歩くことができるかもしれませんが、ひどいひねり方をしたときには、痛みで骨折と間違えることもあります。

ねんざをした場合は内部で内出血が起こり、それによって患部がしだいに腫れてきて痛みも増し、歩くことも困難になる場合もあります。

ねんざも脱臼も、患部を冷やし、心臓よりも高くして内出血を防ぐことで痛みを和らげます。

1 ねんざ

足首の場合がいちばん多く、関節の構造から内側に捻ってしまい、足首外側の靭帯《じんたい》をのばしたり断裂してしまうことがあります。外くるぶしの前や下に痛みや腫れの症状が出てきたら、まずまちがいなくねんざです。冷水や濡らしたタオルなどで患部を冷やし、手ぬぐいやタオルなどで患部を包み固定します。そして患部が手、足なら心臓より高くします。

2 打ち身

歩いていて切り株や石にぶつかったり、転んで起こるのが打ち身です。多くの場合は、放っておいても自然に治りますが、痛みなどがひどいときにはその場での処置も必要です。

基本的にはねんざと同じで、血管が切れて内出血を起こしている可能性もあるのでまず冷やします。

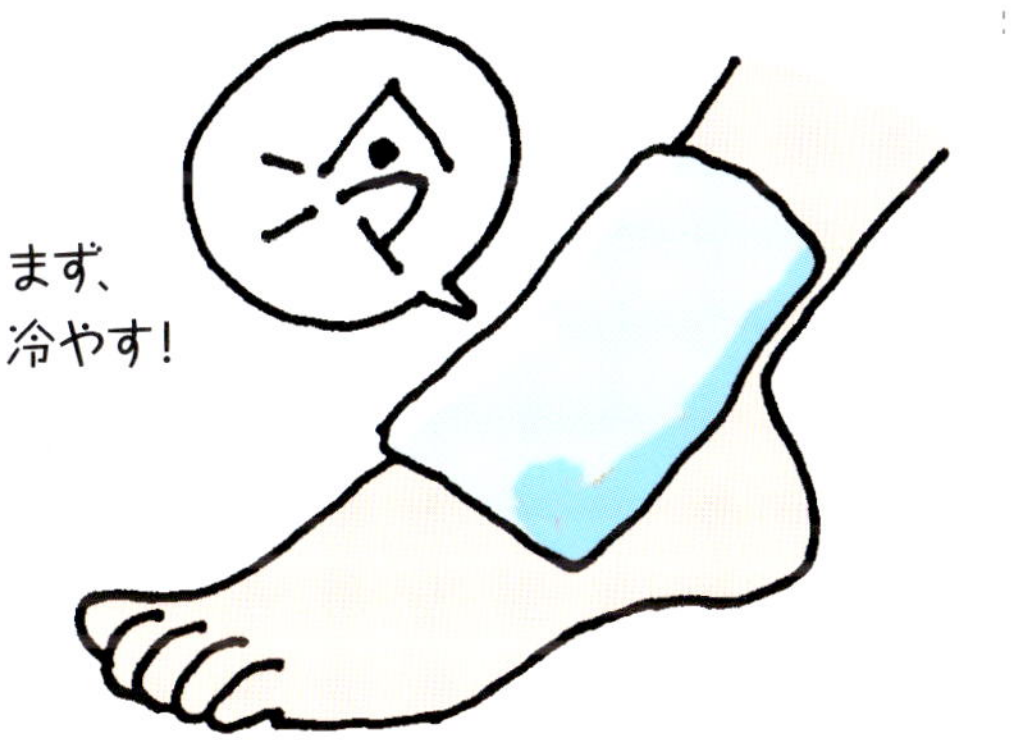

3 骨折

・患部が変形している
・激しい痛みがある
・患部が腫れてきた
・ショックによる貧血状態。吐き気などがある
・皮膚の一部から骨が突き出ている

このような症状があったら「骨折の可能性」があると判断します。骨折の応急処置は固定することです。

- 副木を使って固定する
- 患部を動かしてはいけない
- 患部そのものを固定しない
- 腫れがあるときは、冷水や濡らしたタオルなどで冷やす

ハチ、毒虫、毒ヘビなどにやられたとき

●近年、スズメバチの被害が増えている。このハチは頭上から攻撃してくる性質があるので、帽子をかぶることが防御となる。

応急処置を施したら、早めに病院へ

毎年、全国で数十名の人々がスズメバチに襲われて命を落としています。国内に生息するハチの中で最も遭遇率が高く、毒性を持っているのがスズメバチです。

刺されて重症となり病院へ運ばれた人の数は、年間１０００人を超えるといわれています。

国内には18種のスズメバチがいて、そのうちオオスズメバチをはじめ5種類が大型で危険です。

スズメバチは主に里山の丘陵地帯に生息し、8月から10月にかけて活動します。独特な性質としては、巣の近くに外敵が近づいたり震動が伝わったりすると、アゴを噛みあわせて「カチカチ」という警告音を発し

ます。警告に気づかないで危険範囲に入ると、偵察バチが近づいてきてフェロモンの一種を吹きかけてきます。これを合図に一斉に攻撃してきます。

また、黒いものを狙う性質があるので、黒っぽい衣服を着ないことや頭部を帽子と白いタオルで覆《おお》うことが予防となります。

もし、不幸にも刺されたときは、

・傷口を水でさっと洗い流して、速やかに毒液を体外に吸い出す
・ポイズンリムーバー（毒吸い出し器）で吸い出す
・毒を吸い出したら、患部を冷やす

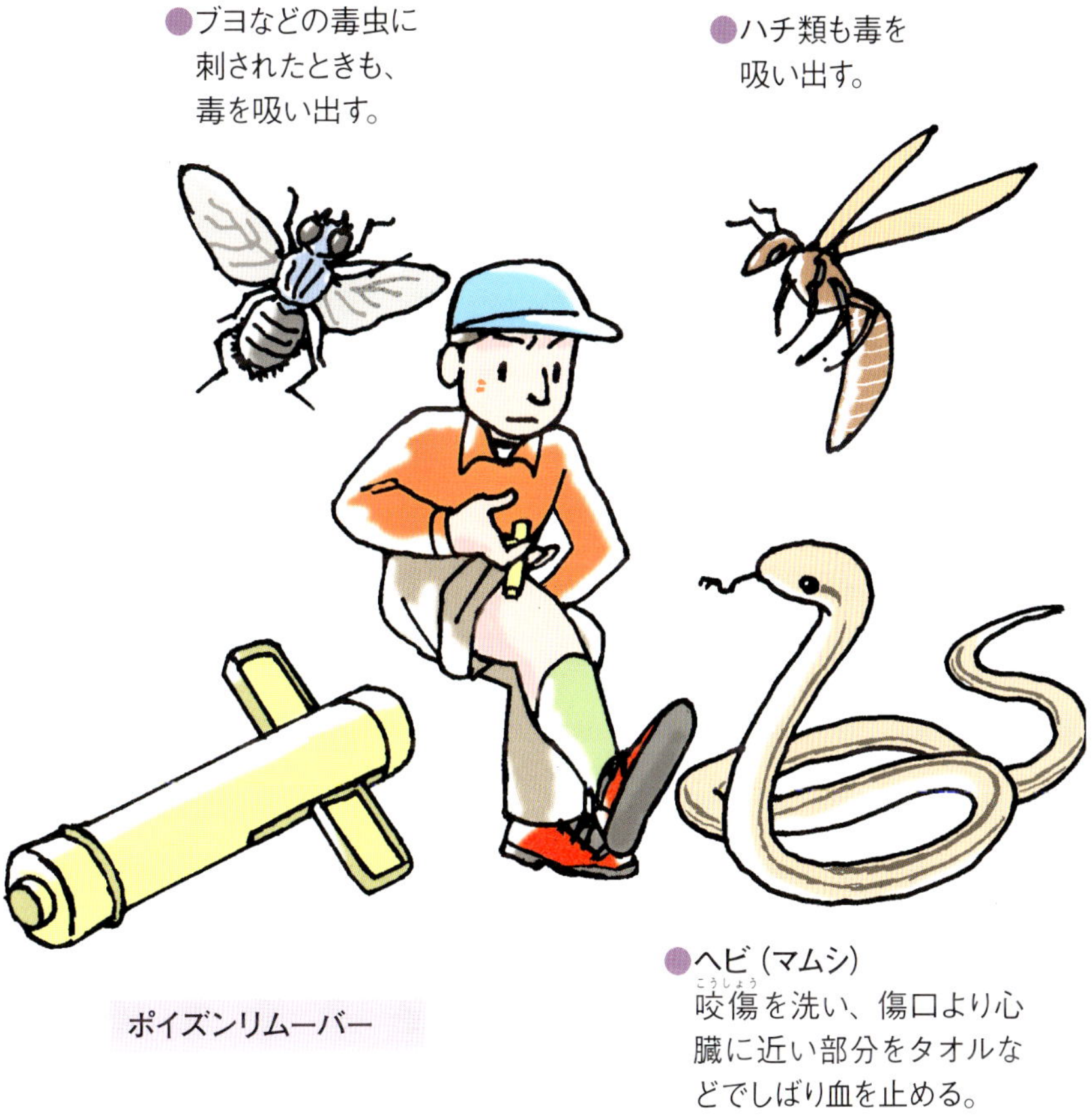

●ブヨなどの毒虫に刺されたときも、毒を吸い出す。
●ハチ類も毒を吸い出す。
ポイズンリムーバー
●ヘビ（マムシ）
咬傷《こうしょう》を洗い、傷口より心臓に近い部分をタオルなどでしばり血を止める。

を実行します。また「おしっこをかける」という迷信が広く信じられていますが、この処置はほとんど効果がありません。

ハチ以外の毒のある虫に関しても同様で、基本的に毒の毛や刺した針が残っている場合もあるので、水で洗い流し、ポイズンリムーバーで毒を吸い出します。

ヘビに噛まれるケースもまれにあります。マムシとヤマカガシが野山のハイキングでは遭遇する可能性の高い毒ヘビです。

もし、かまれた場合は

・傷口より心臓に近い部分をしばり血液の流れを止める
・傷口に水をかけて洗う
・ポイズンリムーバーで傷口から血液を吸い出す
・救急車（119）を依頼。あるいは110番、病院へ電話

を実行します。応急処置だけまず施して、その後はすみやかに病院へ患者を運ぶことが大事です。

サル、クマの対策

●野山歩きでクマに遭遇することは少ないが、まれにヤブコギ中にはち合わせすることもある。

●人にエサをもらうことを覚えたサルは、人を怖がらず、ひっかいたり、かみついたりする。絶対にエサをやってはいけない。

里山でも遭遇してしまうサルやクマ

近年の自然界の変化か、あるいは人間が自然の循環を壊してしまったからか、ふだんは現れなかった里山に野生のサルやクマが下りてきて、人に危害を加えたりする事故が増えています。

野山のハイキングでも、突然これらの野生動物と出会ってしまったら、どちらにとっても不幸なことですから、そうならないようにサルやクマの性質を知っておくことが大切です。

まず、サルです。普通は集団で行動していますが、「離れサル」は攻撃的で人に威嚇《いかく》したりするようです。

その行動にはわからないことが多いので、もし野山で出会ってしまっ

●死んだふりは効果がない。

●クマに出会ってしまったら、目をそらさずに、後ずさりしながら静かに離れるようにする。

クマの生態

- ●木の幹に3～5本の爪跡があればクマの生活圏である。
- ●子グマのそばには必ず母グマがいる。
- ●クマの冬眠は眠りが浅く、音や臭いですぐに目覚める。
- ●クマは人よりも走るのが速い。
- ●こちらから刺激を与えなければ、一方的に攻撃してこない。
- ●クマの生息域では、音（鈴・笛など）を出してこちらの存在を知らせる。
- ●クマはガソリン、ペンキなど揮発性の臭いが大好きである。

たら、まちがっても食べものなどを与えずにその場からゆっくりと離れることです。

クマも、もともとは人間を怖がっていると思ってよい、と研究者はいいます。ですから、野山のハイキングに出かけるときには「人間がいますよ」と伝えて歩けばよいわけです。「熊よけの鈴」などをザックに付け、鳴らして歩くのもそのためです。

でも、あまり考えたくありませんが、もし出会ってしまったときは…。まず、騒がないことです。無用に刺激を与えず、静かにその場を後ずさりして立ち去ることを考えます。まちがっても物を投げつけたりしてはいけません。そして、目が合った場合は視線を外さないことです。

最後にいちばん大事なことですが、後ずさりしながらゆっくりその場を離れるのが鉄則で、まちがってもクマに背を向けて逃げ出してはいけません。また、死んだふりは危険であり、効果がありません。

人工呼吸と心肺蘇生法

人工呼吸の方法

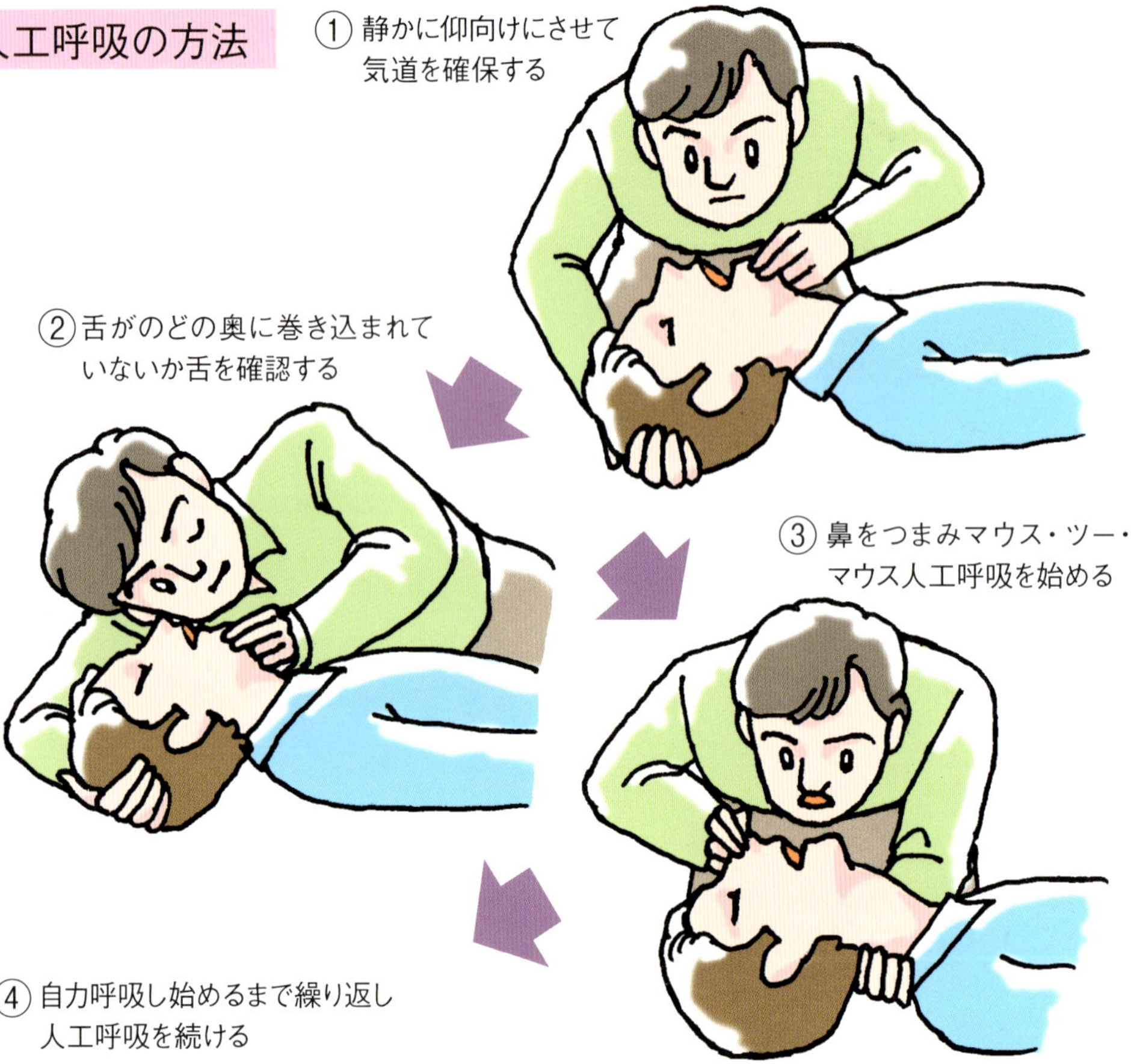

① 静かに仰向けにさせて気道を確保する

② 舌がのどの奥に巻き込まれていないか舌を確認する

③ 鼻をつまみマウス・ツー・マウス人工呼吸を始める

④ 自力呼吸し始めるまで繰り返し人工呼吸を続ける

呼吸が止まっていたら人工呼吸

横に寝かせられた人。口に耳を当ててみても呼吸がなく、手首での脈もとれない状態です。この人をそのまま放置しておくと死に至ります。こんなときはどうしたらよいのでしょうか。呼吸が止まっていることを確認したら、一刻も早く体内に酸素を送り込むために人工呼吸を行わなければなりません。

救急隊がやって来るのをただ待つのではなく積極的に、救急車が到着するまでの間に一刻も早い心肺蘇生をおこなうことです。人工呼吸と心臓マッサージを交互におこなう心肺蘇生法は、特別な器具や医薬品を使わないで施す一次的救命処置です。

心臓が停止しているときは、人工呼吸に心臓マッサージを加えた「心肺蘇生」をおこないます。

心肺蘇生を行う

●脈拍を調べる

脈拍を首の動脈などで調べ、5秒間測って脈がなかったらすぐに心肺蘇生を実行する。

●蘇生を始める

気道を確保し、「15回の心臓マッサージに対して2回の人工呼吸（15-2）」を繰り返す。

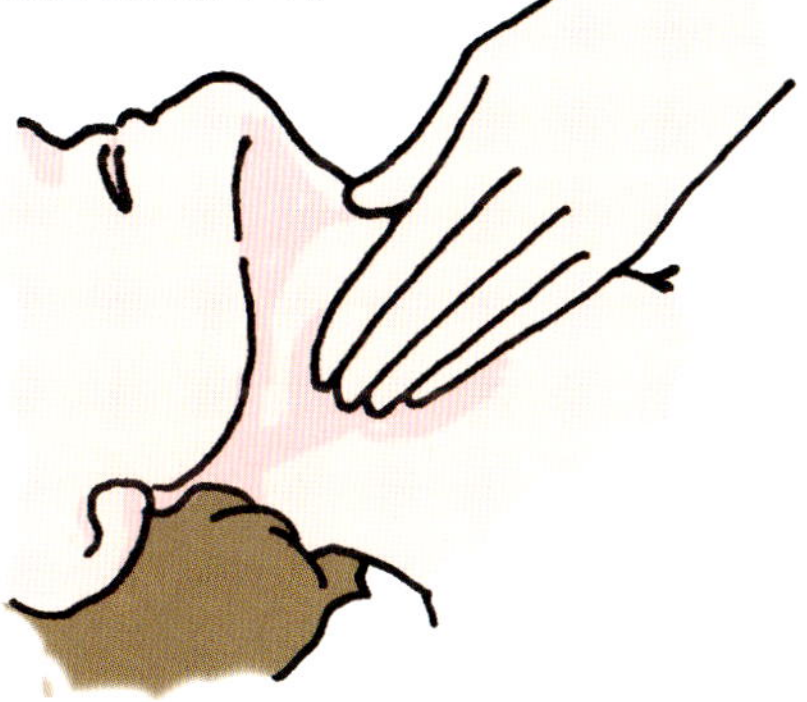

首の動脈で脈拍を調べる。
気道を確保する。

心臓マッサージをおこなう場所は〝みぞおち〟です。ここを両手を重ねて力強く押します。

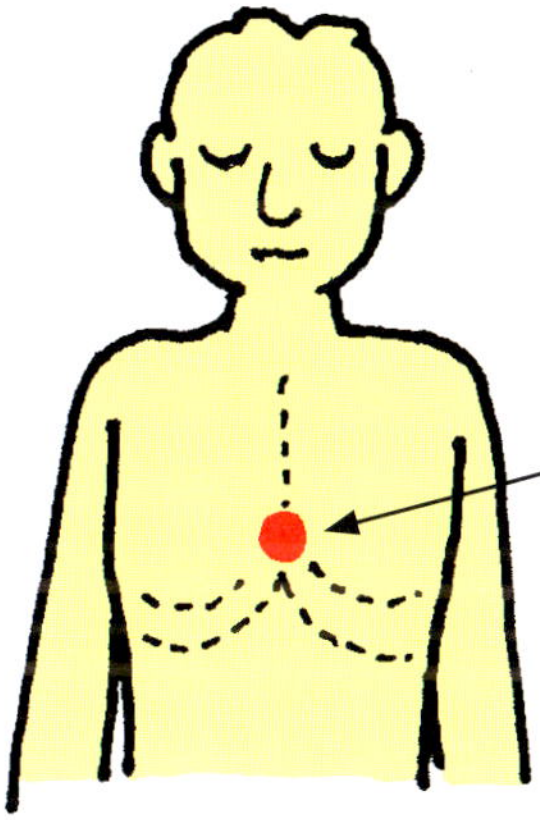

〈手の押し方〉

1 置いた手にもう一方の手を重ね、肘をのばして、上半身の体重をかける。

2 1分間に80～100回の速さで規則正しく続ける。

3 4セット単位で状況を調べる

- 15回の心臓マッサージに対して、2回の人工呼吸を4セット行う。
- 呼吸、脈拍を調べる。
- 蘇生していなければ、再び「15-2を4セット」行う。
- これをくり返す。

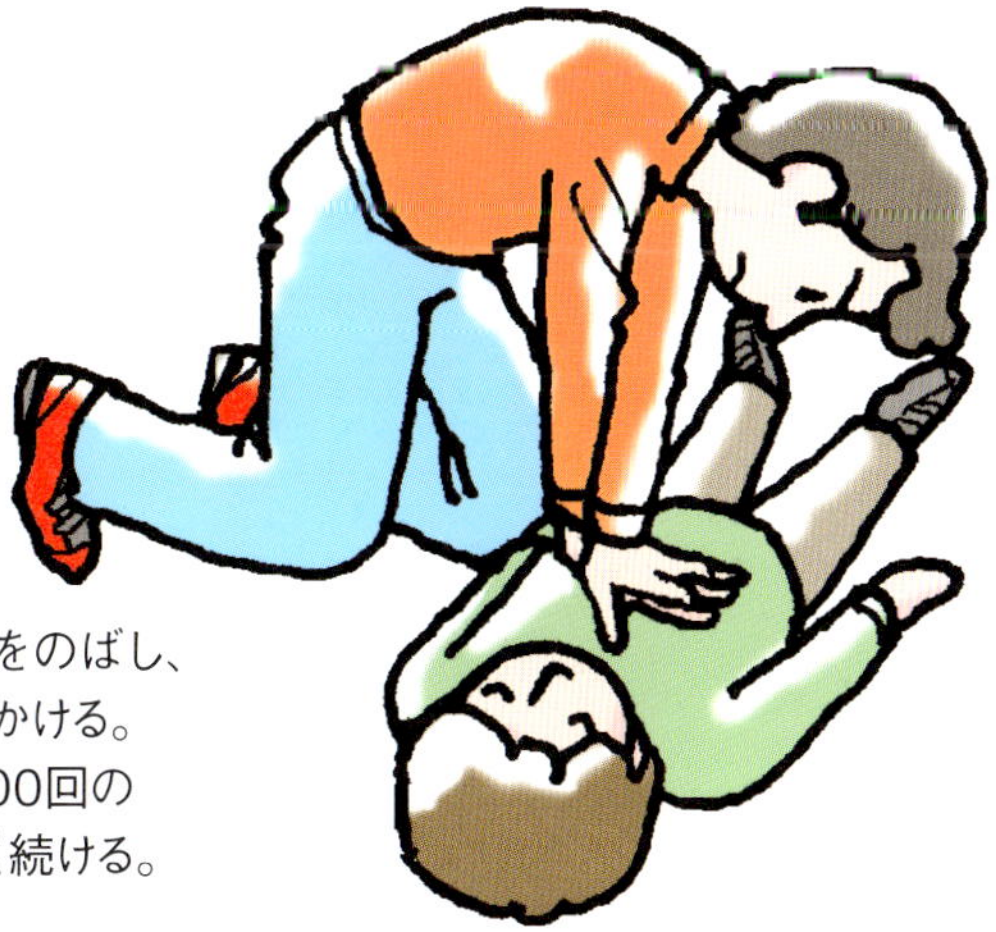

両手を重ねて肘をのばし、
上半身の体重をかける。
1分間に80～100回の
速さで規則正しく続ける。

監修:加藤庸二(かとう・ようじ)

1951年生まれ。明治大学卒。(社)日本写真家協会会員
東京都出身の写真家&エッセイスト。学生時代の19歳のときに薩南諸島を旅し、以後南の島々を中心に歩いて水中や陸上の写真撮影を開始する。大学卒業後はドキュメンタリー映画の制作に携わり、その後図鑑編集の出版社に勤務する中、かたわらで海と島の写真などを撮り歩いていたが次第に本格化、1980年、28歳で独立。加藤庸二写真事務所を設立し、同時に潜水専門グラフィック雑誌「ダイバー」の創刊号編集長として参加する。撮影・執筆・編集を担当し、ダイビングフォトグラファー(潜る写真家)として活躍する。3年間の雑誌制作を経て、日本の島々の本格撮影にあたる。1988年、写真事務所機能を拡充し、企画・撮影・制作業務をおこなう株式会社ワイドビジョンを設立し、代表兼フォトグラファーとして気鋭のスタッフ、ブレーンと共に活動を展開しながら現在に至る。撮影分野は、海から島々、滝、山、川、辺境地などの自然領域全般におよぶが、とりわけ「島」をテーマとする分野のフォトグラファーとしては第一人者。40代後半から日本の滝歩き、野山歩きを開始し、月刊誌の連載などで発表している。現在は、旅、田舎暮らし、食、などの分野の媒体で精力的に取材し、関係の雑誌、新聞等での発表が多い。またハイビジョン放送の『島旅』(BS日テレ)の制作アドバイザーなどを務め、最近は映像制作、TV・ラジオ出演、文化活動の担当委員などに積極的に参画する。

■監修　加藤庸二
■カバーデザイン　玉川布美子
■アートディレクション　海野雅子
■本文デザイン・DTP　サンビジネス(倉田早由美　根津美樹)
■イラスト　北澤良枝
■写真　オアシス
■協力　藤村　登
■構成　ビーアンドエス

50歳からはじめる
ハイキングの教科書

監　修　加藤庸二
編　集　土屋書店編集部
発行者　田仲豊徳
印刷・製本　日経印刷

発行所　株式会社滋慶出版 / 土屋書店
東京都渋谷区神宮前3−42−11
TEL.03−5775−4471　FAX.03−3479−2737
http://tuchiyago.co.jp　E-mail:shop@tuchiyago.co.jp

落丁・乱丁は当社にてお取替えいたします。

この本に関するお問合せは、書名・氏名・連絡先を明記のうえ、上記のFAXまたはメールアドレスへお寄せください。なお、電話でのご質問はご遠慮くださいませ。またご質問内容につきましては「本書の正誤に関するお問合せ」のみとさせていただきます。あらかじめご了承ください。